教科書の公式ガイドブック

教科書ガイド

学習の友

開隆堂 版
サンシャイン
完全準拠
中学英語
1年

開隆堂

目 次

本書の使い方 ·· **4**

Classroom English　教室で使う英語になれよう ·············· **8**
Get Ready 1　ようこそ！　みらい中学校へ ················· **9**
Get Ready 2　みらい中学校の仲間たち ···················· **10**
Get Ready 3　新しい仲間にインタビューしよう ············ **12**
Get Ready 4　自分のことを友だちに知ってもらおう ········ **14**
PROGRAM 0　アルファベットを確かめよう ················ **16**
　　　　　　　　つづり字と発音 ··························· **17**
辞書を引いてみよう ·· **19**
PROGRAM 1　友だちを作ろう ···························· **20**
Word Web 1　数の言い方 ································· **30**
PROGRAM 2　1-B の生徒たち ··························· **32**
Word Web 2　曜日と天気の言い方 ······················ **42**
Steps 1　英語でやりとりしよう① ························· **43**
アクションコーナー ·· **44**
PROGRAM 3　タレントショーを開こう ···················· **46**
Steps 2　考えを整理し，表現しよう ······················ **56**
Our Project ①　あなたの知らない私 ····················· **57**
Power-Up 1　ハンバーガーショップへ行こう ·············· **58**
PROGRAM 4　Let's Enjoy Japanese Culture. ··········· **60**
Power-Up 2　持ち主をたずねよう ······················· **72**
PROGRAM 5　The Junior Safety Patrol ················· **74**
Word Web 3　季節・月の名前 ··························· **84**
PROGRAM 6　The Way to School ······················ **86**
Power-Up 3　道案内をしよう①(駅ビル) ·················· **96**

Power-Up 4　店内放送を聞こう ································· **98**

Word Web 4　順番・日付の言い方 ····························· **99**

PROGRAM 7　Research on Australia ····················· **102**

Steps 3　話の組み立て方を考えよう ·························· **112**

Steps 4　英語でやりとりしよう② ··························· **113**

Word Web 5　疑問詞のまとめ ······························· **114**

Our Project ②　この人を知っていますか ····················· **115**

Power-Up 5　インタビューを聞こう ·························· **116**

PROGRAM 8　The Year-End Events ······················· **118**

Steps 5　絵や写真を英語で表現しよう ······················· **128**

PROGRAM 9　A Trip to Finland ························· **130**

Steps 6　文の内容を整理し，表現しよう ····················· **145**

PROGRAM 10　Grandma Baba's Warming Ideas! ·············· **148**

Steps 7　英語でやりとりしよう③ ··························· **167**

Our Project ③　私が選んだ1枚 ···························· **168**

Power-Up 6　絵はがきを書こう ····························· **169**

巻末資料 13　教科・文房具 ································· **170**

巻末資料 14　部活動 ····································· **171**

巻末資料 15　朝起きてから寝るまで ·························· **172**

本書の使い方

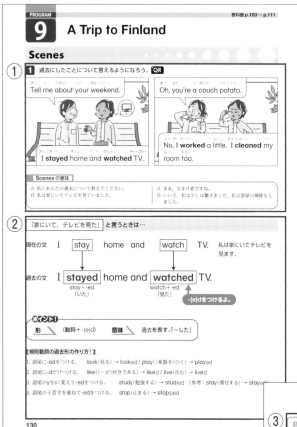

① 教科書の Scenes です。英文とその日本語訳をのせています。また，英文には読みがなをつけています。強く発音する部分は太字で，弱く発音する部分は小さく示しています。つなげて読む音にも注意しましょう。

② 文法のポイントを理解するために，ふきだしや矢印などで解説しています。

③ 教科書の Listen です。解答，Listen で読まれる英文と日本語訳がのせてあります。QR コードから音声を聞きながら取り組みましょう。

④ 教科書の Speak & Write です。例文の訳，解答（例）とその訳がのせてあります。

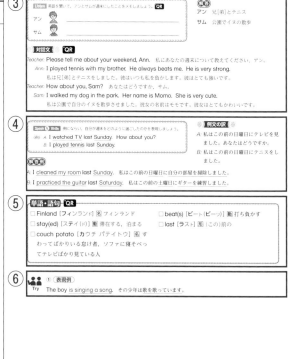

⑤ 「単語・語句」には読みがながついています。同じ単語でも意味が違う場合は，※印をつけて示しています。（※印の単語の音声はありません。）品詞は次の略記号で示してあります。

名 名詞	代 代名詞	動 動詞
助 助動詞	冠 冠詞	形 形容詞
副 副詞	前 前置詞	接 接続詞
間 間投詞		

⑥ 教科書の Try です。表現例とその訳がのせてあります。

※ QR のあるところは，QR コードを読みとりアクセスすると，音声などを聞くことができます。QR コードを活用して，実際の英語を聞きながら何度も発音し，正しい発音を身につけましょう。

⑦教科書の Think の本文です。英文には読みがなをつけています。太字は強く発音する部分を示しています。つなげて読む音にも注意しましょう。また，語や語句の単位で下線をつけ，部分訳を示しています。❶❷の番号は「本文の意味」と対応しているので，対照しやすくなっています。引き出し解説では本文の理解をより深めるための解説がのせてあります。

⑧「本文の意味」には本文の訳の一例をのせています。❶❷の番号は本文と対応しています。

⑨教科書のＱとそれに対する答えのＡです。日本語訳ものせています。

※本文などには読み方がわかりやすいように読みがながつけてありますが，英語の正確な発音ではありません。参考程度にして，正しい読み方は QR コードから音声を聞いて身につけましょう。

本書の使い方

Retell
本文の内容を伝える際の表現例とその訳がのせてあります。

Interact
例文とその訳，表現例とその訳を示しています。

英語のしくみ
例文とその訳がのせてあります。また，Challenge! は，文法事項を確認するための問題です。理解できたかどうか確認しましょう。

赤フィルター
本書には赤フィルターがついています。英文の読みがなや「単語・語句」の意味の一部，解答(例)の一部などが赤い文字になっています。フィルターをあてると文字がかくれますから，復習するときやテスト前の確認などに使いましょう。

単語・語句 **QR**

□ type(s) [タイプ(ス)] 名 型，類，タイプ

□ reading card(s) [リーディング カード(カーヅ)] 名 読みふだ

□ grabbing card(s) [グラビング カード(カーヅ)] 名 取りふだ

□ poet [ポウエット] 名 歌人，詩人

Try ① 表現例

(例：Ａ-1) I like *soba* very much. I often eat *zarusoba*.

私はそばがとても好きです。私はしばしばざるそばを食べます。

その他のおもなページ
Get Ready
英文とその訳，解答(例)，表現例などがのせてあります。

Our Project
英文とその訳，解答(例)などがのせてあります。

Steps

英文とその訳，解答（例），表現例などがのせてあります。

Power-Up

教科書の英文や Listening で読まれる英文とその訳，解答（例），表現例などがのせてあります。QR コードがある英文は，音声を聞きながら取り組みましょう。

Word Web

単語の意味と読みがな，「やってみよう」の例文とその訳，表現例などがのせてあります。

アクションコーナー

英文や語句の意味と読みがななどがのせてあります。

巻末資料

巻末資料 13 ～ 15 は学習していない単語を含めて，すべてに読みがなをつけています。また，英文と読みがな，その訳ものせてあります。

Classroom English　教室で使う英語になれよう

教科書 p.6

スタンダップ
❶ Stand up.
立ちなさい。

スィッダウン
❷ Sit down.
すわりなさい。

レッツ　スタート アウア イングリッシュ レスン
❸ Let's start our English lesson.
英語の授業を始めましょう。

オウプン　ユア　　ブックス
❹ Open your books.
教科書を開きなさい。

クロウズ　ユア　　ブックス
❺ Close your books.
教科書を閉じなさい。

レッツ　　リータゲザァ
❻ Let's read together.
いっしょに読みましょう。

リスン　　トゥー ミー
❼ Listen to me.
私の話を聞きなさい。

リピート　　アフタァ ミー
❽ Repeat after me.
私のあとについて言いなさい。

ルッカト ザ　　ボード
❾ Look at the board.
黒板を見なさい。

ライト　　ズィス ダウン
❿ Write this down.
これを書きとめなさい。

プッダウン　ユア　　ペンスルズ
⓫ Put down your pencils.
鉛筆を置きなさい。

レイズ　ユア　　ハンヅ
⓬ Raise your hands.
手をあげなさい。

(p.9より)

男の子：うーん，それはとても難しいです。

女の子：心配しないで！　それはかんたんです。キーボードを見てください。このキーを押してください。

男の子：わかりました。うわーっ！　プログラムが始まりました。ありがとう！

女の子：どういたしまして。私はコンピュータが大好きです。

＊＊＊＊＊＊

エミリー：私は日本のスポーツを学びたいです。私は参加できますか。

　男の子：もちろん，できます。これは日本の伝統的なスポーツです。

エミリー：知っています。それはオリンピックのスポーツです。私はそれをやってみたいです。

　男の子：わかりました，エミリー。始めましょう。

(解答)

・パソコン室　　・柔道場

❶ 英文 QR

Hi, everybody! How's your new school life? Do you like your new school? Now, look at the picture on the textbook. It's Mirai Junior High School. Mao and Ken study there. They like their new school.

What can you see in the picture? Can you see the art room? Point to the art room. Do you like art? Well, Mao likes art very much. She is good at drawing *manga*. She likes sports too.

Now, can you find the gym in the picture? Point to the gym. Mao sometimes plays basketball in the gym after school.

Well, can you see the science room? Point to the science room. Ken likes science. He often goes to the science room. He wants to be an astronaut.

Can you see Ken? He is playing *shogi* with a girl. Point to Ken in the picture. He likes *shogi*. He is a good *shogi* player.

　みなさん，こんにちは！　新しい学校生活はどうですか。あなたは新しい学校が好きですか。さて，教科書の絵を見てください。それはみらい中学校です。真央と健はそこで勉強します。彼らは自分たちの新しい学校が好きです。

　あなたは絵の中に何が見えますか。あなたは美術室が見えますか。美術室を指さしてください。あなたは美術が好きですか。ええと，真央は美術がとても好きです。彼女はマンガを描くのが得意です。彼女はスポーツも好きです。

　さて，あなたは絵の中に体育館を見つけることができますか。体育館を指さしてください。真央はときどき放課後に体育館でバスケットボールをします。

　ええと，あなたは理科室が見えますか。理科室を指さしてください。健は理科が好きです。彼はしばしば理科室に行きます。彼は宇宙飛行士になりたいと思っています。

　あなたは健が見えますか。彼は女の子と将棋をさしています。絵の中の健を指さしてください。彼は将棋が好きです。彼は将棋がじょうずです。

解答

・美術室　　　・体育館　　　・理科室　　　・健

❷ 対話文 QR

Boy: Umm, it's very difficult.
Girl: Don't worry! It's easy. Look at the keyboard. Press this key.
Boy: OK. Wow! The program started. Thank you!
Girl: You're welcome. I like computers very much.
****

Emily: I want to learn Japanese sports. Can I join you?
Boy: Of course, you can. This is a traditional Japanese sport.
Emily: I know. It's an Olympic sport. I want to try it.
Boy: OK, Emily. Let's start.

（対話文の訳と解答はp.8へ）

Get Ready 2 みらい中学校の仲間たち

❶-1 　英文　　'QR

① *Emily:* Hi, I'm Emily. I'm a student in 1-B. I like Italian food. I like spaghetti. I like spaghetti with meat sauce very much.

こんにちは, 私はエミリーです。私は1年B組の生徒です。私はイタリア料理が好きです。私はスパゲッティが好きです。私はミートソースのスパゲッティが大好きです。

② *Daniel:* Hello, friends! I'm Daniel. I'm a student from the U.S. I like pizza. I like *okonomiyaki* too.

みなさん, こんにちは！　ぼくはダニエルです。ぼくはアメリカ合衆国出身の生徒です。ぼくはピザが好きです。ぼくはお好み焼きも好きです。

③ *Ms. Miller:* Hi, everybody! I'm Ms. Miller. I'm an English teacher at Mirai Junior High School. I teach Mao and Ken. My favorite food is noodles. I like *ramen*, but I don't like spaghetti.

みなさん, こんにちは！　私はミラーです。私はみらい中学校の英語の先生です。私は真央と健を教えています。私の大好きな食べ物はめん類です。私はラーメンは好きですが, スパゲッティは好きではありません。

解答

① スパゲッティ　　② ピザ　　③ ラーメン

❶-2 　表現例

・I like fried chicken.　私はフライドチキンが好きです。

・I like French fries.　私はフライドポテトが好きです。

❷-1 　対話文　　'QR

Emily: I often help my family at home.

　Ken: What do you do for your family, Emily?

Emily: I sometimes cook breakfast. I can cook well.

　Ken: Great! Can you play the violin?

Emily: No, but I can play the guitar. I practice it every day. So I often play it for my family.

　Ken: I see. How about art? Do you like it?

Emily: I don't like art. I can't paint pictures well. I want to learn to paint someday.

エミリー：私はよく家で家族を手伝います。

　　健：あなたはあなたの家族のために何をしますか, エミリー。

エミリー：私はときどき朝食を作ります。私はじょうずに料理することができます。

　　健：すばらしいですね！　あなたはバイオリンをひくことができますか。

エミリー：いいえ, でも私はギターをひくことができます。私は毎日それを練習します。それで私はよく家族のためにそれをひきます。

　　健：なるほど。美術はどうですか。あなたはそれが好きですか。

エミリー：私は美術が好きではありません。私はじょうずに絵を描くことができません。私はいつか絵を描くことを学びたいです。

****

Mao: Hi, Daniel! You're good at sports. What sports can you play?

Daniel: I'm good at ball games. I can play baseball very well. I can play basketball well too. But I can't play soccer well.

Mao: I like sports too. I can play basketball. Let's play together sometime. We have a music festival in fall. Can you play the piano?

Daniel: No, I can't play the piano. I'm not good at playing music.

真央：こんにちは，ダニエル！　あなたはスポーツが得意です。　あなたはどんなスポーツをすることができますか。

ダニエル：ぼくは球技が得意です。ぼくは野球をとてもじょうずにすることができます。ぼくはバスケットボールもじょうずにすることができます。でもぼくはサッカーをじょうずにすることができません。

真央：私もスポーツが好きです。私はバスケットボールをすることができます。いつかいっしょにプレーしましょう。秋には音楽祭があります。あなたはピアノをひくことができますか。

ダニエル：いいえ，ぼくはピアノをひくことができません。ぼくは音楽が得意ではありません。

＊＊＊＊＊＊＊

Ken: Ms. Miller, I have some questions.

Ms. Miller: OK.

Ken: What sports do you like? Do you play tennis?

Ms. Miller: No, I don't. I can't play tennis, but I can dance well. I often dance to Japanese pop music.

Ken: Cool! I like fishing. Can you fish?

Ms. Miller: No, I can't. I can't fish.

健：ミラー先生，ぼくはいくつか質問があります。

ミラー先生：いいですよ。

健：先生はどんなスポーツが好きですか。先生はテニスをしますか。

ミラー先生：いいえ，しません。私はテニスをすることはできませんが，じょうずにダンスをすることができます。私はよく日本のポップ音楽に合わせて踊ります。

健：かっこいいですね！　ぼくはつりをするのが好きです。先生はつりをすることができますか。

ミラー先生：いいえ，できません。私はつりをすることはできません。

(解答)

Emily　美術 ×　　バイオリン ×　　料理 ○　　Daniel　バスケットボール ○　　野球 ○　　ピアノ ×

Ms. Miller　テニス ×　　ダンス ○　　つり ×

❸-1　英文　QR

① *Mao:* Hello, class. I'm Mao. My family often travels. I want to go to New York. I want to see the very famous woman there. It's the Statue of Liberty. Do you know her? I want to eat hamburgers there too. Hamburgers are a popular food there. So which country do I want to go to?

みなさん，こんにちは。私は真央です。私の家族はよく旅行します。私はニューヨークに行きたいです。私はそこでとても有名な女性を見たいです。それは自由の女神像です。あなたは彼女を知っていますか。私はそこでハンバーガーも食べたいです。ハンバーガーはそこで人気の食べ物です。では，私はどこの国に行きたいのでしょうか。

（②〜④，解答，❸-2はp.15へ）

11

❶ **対話文** **QR**

Interviewer: Hello, Ms. Miller. May I ask you some questions?
こんにちは，ミラー先生。先生にいくつか質問してもいいですか。

Ms. Miller: Yes, of course. はい，もちろんです。

Interviewer: What subject do you like? 先生は何の教科が好きですか。

Ms. Miller: I like music. 私は音楽が好きです。

Interviewer: What can you do? 先生は何をすることができますか。

Ms. Miller: I can dance well. 私はじょうずにダンスをすることができます。

Interviewer: When is your birthday? 先生の誕生日はいつですか。

Ms. Miller: It's March 9. 3月9日です。

Interviewer: Where are you from? 先生はどこの出身ですか。

Ms. Miller: I'm from the U.S.A. 私はアメリカ合衆国の出身です。

Interviewer: What do you want to be? 先生は何になりたいですか。

Ms. Miller: I want to be a great teacher. 私はすばらしい先生になりたいです。

Interviewer: Thank you very much. どうもありがとうございました。

Ms. Miller: You're welcome. どういたしまして。

解答

・音楽が好き。　　・じょうずにダンスができる。　　　・3月9日生まれ　　・アメリカ合衆国出身

・すばらしい先生になりたい。

❷ **表現例**

◆真央

Interviewer: Hello, Mao. May I ask you some questions?
こんにちは，真央。あなたにいくつか質問してもいいですか。

Mao: Yes, of course. はい，もちろんです。

Interviewer: What subject do you like? あなたは何の教科が好きですか。

Mao: I like English. 私は英語が好きです。

Interviewer: What can you do? あなたは何をすることができますか。

Mao: I can play tennis. 私はテニスをすることができます。

Interviewer: When is your birthday? あなたの誕生日はいつですか。

Mao: It's December 20. 12月20日です。

Interviewer: Where are you from? あなたはどこの出身ですか。

Mao: I'm from Tokyo. 私は東京出身です。

Interviewer: What do you want to be? あなたは何になりたいですか。

Mao: I want to be a singer. 私は歌手になりたいです。

Interviewer: Thank you very much. どうもありがとうございました。

Mao: You're welcome. どういたしまして。

◆健

Interviewer: Hello, Ken.　May I ask you some questions?
　　　　　こんにちは，健。あなたにいくつか質問してもいいですか。

Ken: Yes, of course.　はい，もちろんです。

Interviewer: What subject do you like?　あなたは何の教科が好きですか。

Ken: I like science and English.　ぼくは理科と英語が好きです。

Interviewer: What can you do?　あなたは何をすることができますか。

Ken: I can play *shogi*.　ぼくは将棋をさすことができます。

Interviewer: When is your birthday?　あなたの誕生日はいつですか。

Ken: It's January 22.　1月22日です。

Interviewer: Where are you from?　あなたはどこの出身ですか。

Ken: I'm from Hokkaido.　ぼくは北海道出身です。

Interviewer: What do you want to be?　あなたは何になりたいですか。

Ken: I want to be an astronaut.　ぼくは宇宙飛行士になりたいです。

Interviewer: Thank you very much.　どうもありがとうございました。

Ken: You're welcome.　どういたしまして。

◆エミリー

Interviewer: Hello, Emily.　May I ask you some questions?
　　　　　こんにちは，エミリー。あなたにいくつか質問してもいいですか。

Emily: Yes, of course.　はい，もちろんです。

Interviewer: What subject do you like?　あなたは何の教科が好きですか。

Emily: I like math.　私は数学が好きです。

Interviewer: What sports do you like?　あなたは何のスポーツが好きですか。

Emily: I like basketball.　私はバスケットボールが好きです。

Interviewer: What can you do?　あなたは何をすることができますか。

Emily: I can play the guitar.　私はギターをひくことができます。

Interviewer: When is your birthday?　あなたの誕生日はいつですか。

Emily: It's July 11.　7月11日です。

Interviewer: Where are you from?　あなたはどこの出身ですか。

Emily: I'm from Australia.　私はオーストラリア出身です。

Interviewer: What do you want to be?　あなたは何になりたいですか。

Emily: I want to be a math teacher.　私は数学の先生になりたいです。

Interviewer: Thank you very much.　どうもありがとうございました。

Emily: You're welcome.　どういたしまして。

（ダニエルと❸はp.18へ）

❶ 　**英文と訳**

① Do you like English? Let's speak English together. You can play games too.

あなたは英語は好きですか。いっしょに英語を話しましょう。あなたはゲームをすることもできます。

② Can you swim? We practice at school in summer. We use the city pool in spring, fall, and winter. You can be a dolphin.

あなたは泳げますか。私たちは夏は学校で練習します。私たちは春，秋，そして冬は市営プールを利用します。あなたはイルカになることができます。

③ Do you know *SLAM DUNK*? You run, dribble, and shoot the ball. You can be a hero. Let's meet in the gym.

あなたは『スラムダンク』を知っていますか。あなたは走って，ドリブルをして，ボールをシュートします。あなたはヒーローになることができます。体育館で会いましょう。

④ We practice in the music room. You can try the trumpet, the flute, and the clarinet. Let's play music together.

私たちは音楽室で練習します。あなたはトランペット，フルート，そしてクラリネットを試すことができます。いっしょに音楽を演奏しましょう。

解答

① Ⓐ　② Ⓒ　③ Ⓓ　④ Ⓑ

❷

　例文と訳

・My name is Oka Kenta. My birthday is April 27. I like pizza. I want to join the basketball team.

ぼくの名前は岡健太です。ぼくの誕生日は4月27日です。ぼくはピザが好きです。ぼくはバスケットボール部に参加したいです。

表現例

・My name is Tanaka Sayaka. My birthday is October 1. I like music. I want to join the brass band.

私の名前は田中さやかです。私の誕生日は10月1日です。私は音楽が好きです。私は吹奏楽部に参加したいです。

・My name is Suzuki Masato. My birthday is June 18. I like English. I want to join the English club.

ぼくの名前は鈴木正人です。ぼくの誕生日は6月18日です。ぼくは英語が好きです。ぼくは英語部に参加したいです。

(p.11より)

② *Ken:* Hi, friends! I'm Ken. I'm interested in Asian countries. I want to see the Great Wall. Do you know it? It's a big and long wall. You can see it in the mountains. I want to eat *gyoza* there too. They're small, but very delicious. So which country do I want to go to?

　　 みなさん，こんにちは！　ぼくは健です。ぼくはアジアの国々に興味があります。ぼくは万里の長城を見たいです。あなたはそれを知っていますか。それは大きくて長い壁です。あなたはそれを山の中で見ることができます。ぼくはそこで餃子も食べたいです。それらは小さいですが，とてもおいしいです。では，ぼくはどこの国に行きたいのでしょうか。

③ *Daniel:* Hello! I'm Daniel. I like traveling. I want to go to Europe. I want to see the Colosseum in Rome. It's very famous. I also want to eat pizza there. Rome is famous for delicious pizza. So which country do I want to go to?

　　 こんにちは！　ぼくはダニエルです。ぼくは旅行することが好きです。ぼくはヨーロッパに行きたいです。ぼくはローマでコロッセオを見たいです。それはとても有名です。ぼくはそこでピザも食べたいです。ローマはおいしいピザで有名です。では，ぼくはどこの国に行きたいのでしょうか。

④ *Miki:* Hello, class. I'm Miki. I'm interested in festivals. I want to see the Rio Carnival. It's a very big festival. I can see it in South America. I can eat churrasco there. I like meat, and it is delicious. So which country do I want to go to?

　　 みなさん，こんにちは。私は美希です。私はお祭りに興味があります。私はリオのカーニバルを見たいです。それはとても大きなお祭です。私はそれを南米で見ることができます。私はそこでシュラスコを食べることができます。私は肉が好きで，それはおいしいです。では，私はどこの国に行きたいのでしょうか。

解答

① 自由の女神像 — ハンバーガー — アメリカ　　② 万里の長城 — 餃子 — 中国

③ コロッセオ — ピザ — イタリア　　　　　　　④ リオのカーニバル — シュラスコ — ブラジル

❸-2　**表現例**

・I want to go to Canada.　私はカナダに行きたいです。

・I want to go to Spain.　私はスペインに行きたいです。

0 アルファベットを確かめよう

1

A a アント　エイプラン
ant / apron
アリ／エプロン

B b ベイスボール
baseball
野球

C c クラック　スィティ
clock / city
時計／市，都市，
都会

D d デスク
desk
机

E e エラヴェイタァ　イレイサァ
elevator / eraser
エレベーター／消しゴム

F f フルート
flute
フルート

G g ゴウル　ヂム
goal / gym
ゴール／体育館

H h ヘルメット
helmet
ヘルメット

I i インク　アイドル
ink / idol
インク／アイドル

J j ヂャケット
jacket
ジャケット，上着

K k ケトゥル
kettle
やかん

L l ランチ
lunch
昼食

M m マス
math
数学

N n ネット
net
ネット

O o アムレット　オウケイ
omelet / OK
オムレツ／元気で，はい

P p ピアノウ
piano
ピアノ

Q q クウェスチョン
question
質問

R r ルーフ
roof
屋根

S s サカァ
soccer
サッカー

T t テニス
tennis
テニス

U u アンブレラ　ユーナフォーム
umbrella / uniform
かさ／制服，ユニフォーム

V v ヴァリボール
volleyball
バレーボール

W w ウィンドウ
window
窓

X x バックス
box
箱

Y y ヤード
yard
庭

Z z ズー
zoo
動物園

Q 赤い文字（a, e, i, o, u）は何を表しているかな。　母音

つづり字と発音

2

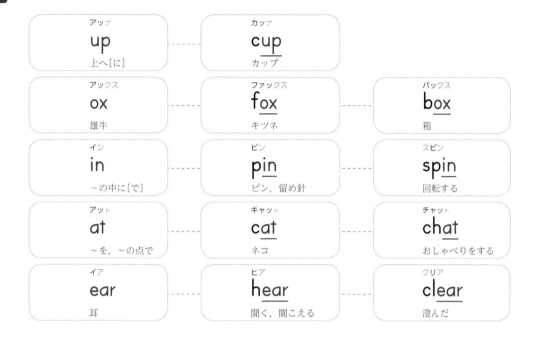

アップ
up
上へ[に]

カップ
cup
カップ

アックス
ox
雄牛

ファックス
fox
キツネ

バックス
box
箱

イン
in
～の中に[で]

ピン
pin
ピン，留め針

スピン
spin
回転する

アット
at
～を，～の点で

キャット
cat
ネコ

チャット
chat
おしゃべりをする

イア
ear
耳

ヒア
hear
聞く，聞こえる

クリア
clear
澄んだ

3-1

r	ラン **run** 走る	リード **read** 読む	レイン **rain** 雨	口のまん中で舌先を立てて発音します。舌は口の中のどこにもつきません。
l	ローング **long** 長い	レマン **lemon** レモン	リップ **lip** くちびる	舌先を上の歯の裏につけて，舌の両側から音を出します。
f	ファン **fun** 楽しみ，喜び	フィッシュ **fish** 魚	フェスタヴァル **festival** 祭り	下くちびるを上の歯に当てて息を出します。
v	ヴァン **van** 小型トラック，ワゴン車	ヴェット **vet** 獣医	ヴァリボール **volleyball** バレーボール	下くちびるを上の歯に当てて声を出します。
th	マス **math** 数学	スリー **three** 3	バースディ **birthday** 誕生日	舌先を歯で軽くはさんで，そのまま舌と歯の間から息を出します。
th	ズィス **this** これ(は)	ザット **that** それ(は)	ブラザァ **brother** 兄，弟	舌先を歯で軽くはさんで，そのまま舌と歯の間から声を出します。

3 -2

r ア ルービィイズ レッド
A ruby is red.
ルビーは赤いです。

f アイ ワント フレッシュ フルーツ
I want fresh fruits.
私は新鮮なくだものがほしいです。

th サンキュー ミスタァ スミス
Thank you, Mr. Smith.
ありがとうございます，スミス先生。

l ルースィ リヴズ イン ランダン
Lucy lives in London.
ルーシーはロンドンに住んでいます。

v ファイヴ アンド セヴァン イズ
Five and seven is
トウェルヴ
twelve.
5 たす 7 は12です。

th ゼイ アー マイ ブラザァズ
They are my brothers.
彼らは私の兄弟です。

(p.13より)

◆ダニエル

Interviewer: Hello, Daniel. May I ask you some questions?
こんにちは，ダニエル。あなたにいくつか質問してもいいですか。

Daniel: Yes, of course. はい，もちろんです。

Interviewer: What subject do you like? あなたは何の教科が好きですか。

Daniel: I like Japanese. ぼくは国語が好きです。

Interviewer: What can you do? あなたは何をすることができますか。

Daniel: I can play basketball. ぼくはバスケットボールをすることができます。

Interviewer: When is your birthday? あなたの誕生日はいつですか。

Daniel: It's May 5. 5月5日です。

Interviewer: Where are you from? あなたはどこの出身ですか。

Daniel: I'm from the U.S.A. ぼくはアメリカ合衆国出身です。

Interviewer: What do you want to be? あなたは何になりたいですか。

Daniel: I want to be a basketball player. ぼくはバスケットボールの選手になりたいです。

Interviewer: Thank you very much. どうもありがとうございました。

Daniel: You're welcome. どういたしまして。

❸ (質問例)

・Do you like animals? あなたは動物が好きですか。

・Do you play tennis? あなたはテニスをしますか。

・What color do you like? あなたは何色が好きですか。

・What time do you get up? あなたは何時に起きますか。

辞書を引いてみよう

教科書 p.20

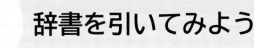

🔍 **英語の辞書ではどんな順序で単語が並んでいるのでしょうか。**

英和辞典がどのような構成になっているかを，studyを引く作業を通して見てみましょう。

① 最初の文字の s (S) を辞書の側面にある ABC... からさがし，S の範囲内のどこかのページを開きます。

② 開いたらまず両ページの左上と右上を見て，s の次の文字が t となっているページをさがします。ここでは610ページと611ページに stripe から subject までの語があることがわかります。

③ study は s の次が t なので，3つ目の文字 u を見ます。u は stripe の r と style の y の間にあるので，study はこの2つの単語の間のどこかにあることがわかります。

❓ 次の単語は上の2ページより前，2ページの中，2ページよりうしろのうち，どこにありますか。

(1) summer (前・中・⦿うしろ)　(2) spring (⊡前・中・うしろ)　(3) student (前・⦿中・うしろ)

●やってみよう

次の単語を引き，引いた単語には✓をつけましょう。全部終わったら，かかった時間を記録しましょう。

☐ police　☐ meet　☐ new　☐ store　☐ you

（かかった時間：　　分　　秒）

PROGRAM 1 友だちを作ろう

Scenes

1 自分の名前を言い，相手の名前も言えるようになろう。 **QR**

> ハイ アミ　アイム ベン
> Hi, Ami. **I'm** Ben.
>
> サリィ　アイム ナット アミ
> Sorry, I'm **not** Ami.

> アイアム アミ
> I am Ami.
>
> オウ ユー アー アミ
> Oh, **you are** Ami.

Scenes の意味

A: やあ，亜美。私はベンです。
B: すみません，私は亜美ではありません。

C: 私が亜美です。
A: ああ，あなたが亜美ですね。

「私は〜です。」「あなたは〜です。」 と言うときは…

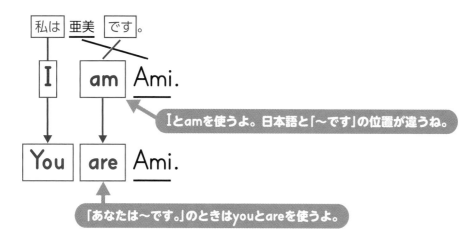

|私は|亜美|です。|
| I | am | Ami. |

Iとamを使うよ。日本語と「〜です」の位置が違うね。

| You | are | Ami. |

「あなたは〜です。」のときはyouとareを使うよ。

ポイント！

形 〈I am 〜.〉 ／ 〈You are 〜.〉　　**意味** 「私は〜です。」／「あなたは〜です。」

「**私は〜ではありません。**」 と言うときは…

ふつうの文　　I'm　　　　Ami.

否定する文　　I'm │ **not** │ Ami.
　　　　　　　=I am

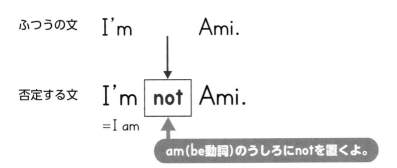

am(be動詞)のうしろにnotを置くよ。

ポイント！

| 形 | 〈I am not 〜.〉 |
| 意味 | 「私は〜ではありません。」 |

Listen 祐太，早紀，ボブの話を聞いて，それぞれの人物に合うものを選びましょう。**QR**

❶ Yuta（年齢：30歳 ／ 13歳）　❷ Saki（年齢：15歳 ／ 17歳）
　　　（職業：先生 ／ 生徒）　　　　　　　（職業：中学生 ／ 高校生）
　　　（性格：元気な ／ 優しい）　　　　　（性格：恥ずかしがり屋 ／ 明るい）

❸ Bob（年齢：40歳 ／ 41歳）
　　　（職業：花屋 ／ 消防士）
　　　（性格：親しみやすい ／ まじめな）

解答

❶ 年齢：30歳　職業：先生
　性格：優しい

❷ 年齢：15歳　職業：中学生
　性格：恥ずかしがり屋

❸ 年齢：40歳　職業：消防士
　性格：親しみやすい

英文　**QR**

❶ *Yuta:* I'm Yuta. I'm thirty. I'm a teacher. I'm kind.
　　　私は祐太です。私は30歳です。私は先生です。私は優しいです。

❷ *Saki:* I'm Saki. I'm fifteen. I'm a junior high school student. I'm shy at school.
　　　私は早紀です。私は15歳です。私は中学生です。私は学校で恥ずかしがり屋です。

❸ *Bob:* I'm Bob. I'm forty. I'm a firefighter. I'm friendly.
　　　私はボブです。私は40歳です。私は消防士です。私は親しみやすいです。

Speak & Write

例にならい，アニメ『ちびまる子ちゃん』の家族の
1人になったつもりで，友だちとお互いに自己紹介
をしましょう。自分と違う登場人物になっている人
を見つけたら，□に✓をつけましょう。

(例) *A:* Hi, I'm Maruko.
　　 B: Oh, you are Maruko. I'm Hiroshi. /
　　　　 Oh, you are Maruko.
　　　　 I'm Maruko too. Goodbye.

□Hiroshi　□Sumire　□Tomozo　□Sakiko　□Kotake　□Maruko

例文の訳

A: こんにちは，私はまる子です。
B: ああ，あなたはまる子ですね。
　　私はひろしです。／
　　ああ，あなたはまる子ですね。
　　私もまる子です。さようなら。

（解答例はp.24，単語・語句はp.25，Tryはp.26へ）

21

2 相手がどんな人かたずねたり答えたりできるようになろう。
場所がどこかたずねられるようになろう。 **QR**

Scenes の意味

A: あなたはアメリカ合衆国出身ですか。	A: あなたはどこの出身ですか。
B: いいえ，違います。	B: 私はニュージーランドの出身です。

「あなたは〜ですか。」 とたずねるときは…

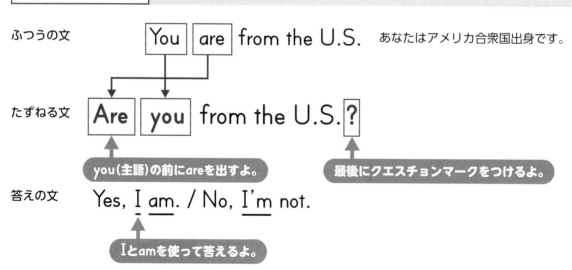

ふつうの文　You　are　from the U.S.　あなたはアメリカ合衆国出身です。

たずねる文　Are　you　from the U.S.？

you（主語）の前にareを出すよ。　　最後にクエスチョンマークをつけるよ。

答えの文　Yes, I am. / No, I'm not.

Iとamを使って答えるよ。

ポイント！

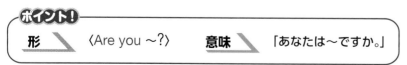

形　〈Are you 〜?〉　　意味　「あなたは〜ですか。」

「どこ」 と場所をたずねるときは…

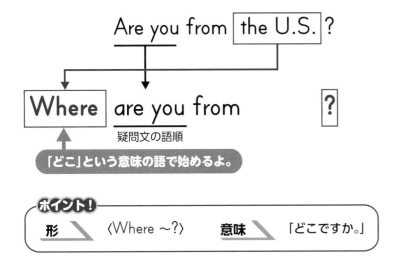

Are you from ｜the U.S.｜?

｜Where｜ are you from ｜?
疑問文の語順

「どこ」という意味の語で始めるよ。

ポイント！

| 形 | 〈Where ～?〉 | 意味 | 「どこですか。」 |

【答え方に注意！】

Where are you from? ― I'm from New Zealand.
「どこ」 「ニュージーランド」

具体的な場所を答えるから，Yes / No は使わないよ。

Listen 英語と日本語には発音が似ている名前があります。英語を聞いて，正しいほうの名前を選びましょう。'QR

❶ (　　　)　　　❷ (　　　)　　　❸ (　　　)

a.　　b.　　　　a.　　b.　　　　a.　　b.

かおる　Carol　　詩織　Sherry　　健太　Kent

解答
❶ b
❷ a
❸ a

対話文 'QR

❶ *Boy:* Hi! Are you Kaoru?　こんにちは！　あなたはかおるですか。
Carol: No, I'm not. I'm Carol.　いいえ，違います。私はキャロルです。
Boy: Oh, you aren't Kaoru.　ああ，あなたはかおるではないのですね。
❷ *Shiori:* Hello! I'm Shiori.　こんにちは！　私は詩織です。
Boy: Pardon me? Are you Sherry?　すみません。あなたはシェリーですか。
Shiori: No, I'm not. I'm Shiori.　いいえ，違います。私は詩織です。
❸ *Kenta:* Hi! I'm Kenta.　こんにちは！　私は健太です。
Boy: Hi, Kent!　こんにちは，ケント！
Kenta: Sorry, I'm not Kent. I'm Kenta.　すみません，私はケントではありません。私は健太です。

(Speak & Write，単語・語句はp.31へ)

Think

1 新学期。真央はダニエルと出会います。 **QR**

Mao: ❶ Nice to meet you.

ナイス　トゥー　ミーチュー

お会いできてうれしいです

Daniel: ❷ Nice to meet you too.

ナイス　トゥー　ミーチュー　トゥー

こちらこそお会いできてうれしいです

自分について述べている。

❸ I'm in 1-B.

アイム　イン　ワン　ビー

私は1年B組です

Mao: ❹ Me too.

ミー　トゥー

私もです

自分について否定している。

❺ I'm not from Mirai City.

アイム　ナット　フラム　ミライ　スィティ

私はみらい市の出身ではありません

本文の意味

真央：❶お会いできてうれしいです。

ダニエル：❷こちらこそお会いできてうれしいです。❸ぼくは1年B組です。

真央：❹私もです。❺私はみらい市の出身ではありません。

ダニエル：❻まさにぼくみたいですね。

真央：❼あなたと私は転校生ですね。

ダニエル：❽あなたは親しみやすいですね。❾お話ししてくれてありがとう。

(p.21より)

解答例

・A: Hi, I'm Sumire.　こんにちは，私はすみれです。

　B: Oh, you are Sumire.　I'm Sakiko.　ああ，あなたはすみれですね。私はさきこです。

・A: Hi, I'm Tomozo.　こんにちは，私は友蔵です。

　B: Oh, you are Tomozo.　I'm Tomozo too.　Goodbye.　ああ，あなたは友蔵ですね。私も友蔵です。さようなら。

Daniel: ❻ You're just like me.
ユア　　　　チャスト　ライク　　ミー
あなたはまさに私のようです

> 相手について述べている。
> このlikeは「～のような」という意味。

Mao: ❼ You and I are new.
ユー　　アンド　アイ アー　　ニュー
あなたと私は　　新しい[転校生]です

> 自分と相手について述べている。2人のときはareを使う。

Daniel: ❽ You're friendly.
ユア　　　　フレンドリィ
あなたは親しみやすいです

> 相手について述べている。

❾ Thanks for talking.
サンクス　　　フォー　トーキング
お話ししてくれてありがとう

Q 本文の内容と合っていれば〇，違っていれば×を書きましょう。

① I'm Mao. I'm in 1-B.
　私は真央です。私は1年B組です。

② I'm Mao. I'm from Mirai City.
　私は真央です。私はみらい市の出身です。

A (解答例) ❶ 〇
　　　　　　❷ ×

単語・語句 QR

□ you're [**ユア**] = you are
□ just [**チャスト**] 副 ちょうど，まさに
□ talk(ing) [**トーク(トーキング)**] 動 話す
□ *Nice to meet you.* （初対面の人に）お会いできてうれしいです。
□ *Thanks for ～.* ～をありがとう。

(p.21より)

単語・語句 QR

□ I'm [**アイム**] = I am
□ Ben [**ベン**] 名 ベン（男子の名）
□ oh [**オウ**] 間 まあ，おお，ああ
□ Bob [**バブ**] 名 ボブ（男子の名）
□ student [**ステュードント**] 名 生徒，学生
□ shy [**シャイ**] 形 恥ずかしがりの
□ firefighter [**ファイアファイタァ**] 名 消防士
□ friendly [**フレンドリィ**] 形 親しみやすい

2 廊下で健がエミリーに話しかけています。 QR

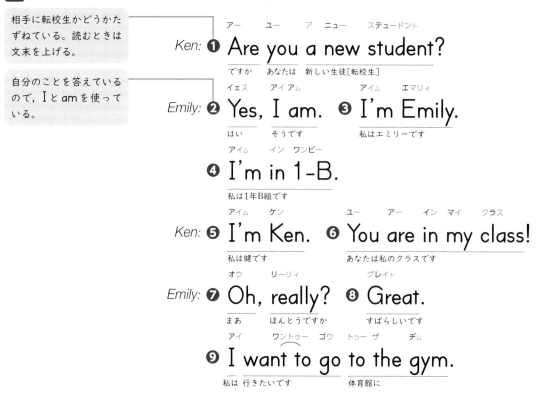

相手に転校生かどうかたずねている。読むときは文末を上げる。

Ken: ❶ Are you a new student?
ですか あなたは 新しい生徒[転校生]

自分のことを答えているので，I と am を使っている。

Emily: ❷ Yes, I am. ❸ I'm Emily.
はい そうです 私はエミリーです

❹ I'm in 1-B.
私は1年B組です

Ken: ❺ I'm Ken. ❻ You are in my class!
私は健です あなたは私のクラスです

Emily: ❼ Oh, really? ❽ Great.
まあ ほんとうですか すばらしいです

❾ I want to go to the gym.
私は 行きたいです 体育館に

本文の意味

　　健：❶あなたは転校生ですか。
エミリー：❷はい，そうです。❸私はエミリーです。❹私は1年B組です。
　　健：❺ぼくは健です。❻あなたはぼくのクラスですよ！
エミリー：❼まあ，ほんとうですか。❽すばらしいです。❾私は体育館に行きたいです。
　　健：❿そうですか。⓫行きましょう。
エミリー：⓬ありがとう。⓭あなたはとても助けになりますね。
　　健：⓮どういたしまして。⓯あなたはどこの出身ですか。
エミリー：⓰私はオーストラリアの出身です。

(p.21より)

Try
① 表現例
I'm Yoko. I like music. I can play the guitar. I want to be a singer.
私は洋子です。私は音楽が好きです。私はギターをひくことができます。私は歌手になりたいです。

Ken: ❿ <ruby>I<rt>アイ スィー</rt></ruby> see. ⓫ Let's go.
そうですか　行きましょう

Emily: ⓬ Thanks. ⓭ You're so helpful.
ありがとう　あなたはとても役に立ちます

Ken: ⓮ No problem. ⓯ Where are you
どういたしまして　あなたはどこの出身ですか

from?

> 相手の出身地をたずねている。読むときは文末を下げる。

Emily: ⓰ I'm from Australia.
私はオーストラリアの出身です

> ⓯の質問に対して，自分の出身地を答えている。

Q エミリーになったつもりで答えましょう。

① Are you in 1-A?
あなたは1年A組ですか。

② Are you from Australia?
あなたはオーストラリアの出身ですか。

A 解答例 ❶ No, I'm not.
いいえ，違います。

❷ Yes, I am.
はい，そうです。

単語・語句 QR

□ really [リーァリィ] 副 ほんとうに

□ helpful [ヘルプフル] 形 役に立つ

□ problem [プラブラム] 名 問題

□ want to～　～したい

□ No problem.　どういたしまして。問題ありません。

---

 ② 表現例

Hi, I'm Toru. I'm 12 years old. I like badminton. How about you?
こんにちは，私は透です。私は 12 歳です。私はバドミントンが好きです。あなたはどうですか。

Interact

1 魔法使いになろう

例文と訳

"Abracadabra. I'm a king. You're a queen." 「アブラカダブラ。私は王です。あなたは女王です。」

表現例

・"Abracadabra. I'm a princess. You're a prince." 「アブラカダブラ。私は王女です。あなたは王子です。」

・"Abracadabra. I'm a fairy. You're a superman."

「アブラカダブラ。私は妖精です。あなたはスーパーマンです。」

2 自分のことを表現しよう

① 例文と訳

(1) I'm from Mirai City. 私はみらい市の出身です。　(2) I'm friendly. 私は親しみやすいです。

(3) I'm not shy. 私は恥ずかしがり屋ではありません。　(4) I'm a baseball fan. 私は野球ファンです。

表現例

(1) I'm from Midori City. 私は緑市の出身です。　(2) I'm active. 私は活動的です。

(3) I'm not quiet. 私は静かではありません。　(4) I'm a tennis fan. 私はテニスファンです。

② 例文と訳

A: Are you Mikiko? あなたは美紀子ですか。

B: Yes. I'm Mikiko. / No. I'm not Mikiko.

はい。私は美紀子です。／いいえ。私は美紀子ではありません。

単語・語句 'QR

□ abracadabra [アブラカダブラ] 間 アブラカダブラ(魔法をかけるときの呪文)

□ king [キング] 名 王

□ prince [プリンス] 名 王子

□ princess [プリンセス] 名 王女

□ fairy [フェリィ] 名 妖精

□ of [アヴ, アヴ] 前 ~の

□ beast(s) [ビースト(ビースツ)] 名 けもの

□ an [アン] 冠 1つの, 1人の

□ angel [エインヂャル] 名 天使

□ superman [スーパマン] 名 超人, スーパーマン

□ fan [ファン] 名 ファン, 熱烈な支持者

□ active [アクティヴ] 形 活発な

□ cheerful [チアフル] 形 明るい, 元気のよい

□ careful [ケアフル] 形 注意深い

□ honest [アニスト] 形 正直な

□ polite [パライト] 形 ていねいな, 礼儀正しい

□ smart [スマート] 形 かしこい, 頭の切れる

□ funny [ファニィ] 形 おかしな

□ serious [スィリアス] 形 まじめな

□ quiet [クワイアット] 形 静かな, おとなしい

英語のしくみ

1 be動詞 am, are ● 例文と訳 ●

1. 肯定文（ふつうの文）

・I am Masaru.　私は勝です。

・You are Bob.　あなたはボブです。

2. 否定文（否定する文）

・I am Masaru.　私は勝です。

・I am not Satoru.　私は悟ではありません。

・You are Bob.　あなたはボブです。

・You are not Ben.　あなたはベンではありません。

3. 疑問文（たずねる文）と答え方

・You are Bob.　あなたはボブです。

・Are you Bob?　あなたはボブですか。

　— Yes, I am. / No, I am not.　はい，そうです。／いいえ，違います。

Challenge!

日本文に合う英文になるように，(　)内に適切な語を入れましょう。

(1)私は太一です。　　　　　　　　(　　　　)(　　　　) Taichi.

(2)あなたは転校生です。　　　　　(　　　　)(　　　　) a new student.

(3)私は野球ファンではありません。　I (　　　　)(　　　　) a baseball fan.

(4)あなたは恥ずかしがり屋ではありません。　You (　　　　)(　　　　) shy.

(5)あなたは大阪の出身ですか。— はい，そうです。

　(　　　　)(　　　　) from Osaka? — Yes, (　　　　)(　　　　).

2 「どこ」とたずねる文 ● 例文と訳 ●

・Are you from Otaru?　あなたは小樽の出身ですか。

・Where are you from?　あなたはどこの出身ですか。

　— I'm from Otaru.　私は小樽の出身です。

Challenge!

日本文に合う英文になるように，(　)内の語を並べかえましょう。

(1)あなたはどこの出身ですか。　　(from / are / where / you)?

(2)((1)に答えて)私は熊本の出身です。　(from / I / Kumamoto / am).

（Challenge!の解答はp.31）

1 英語の数 (número / ナンバァ)

0 zéro / ズィロウ			**100** one hundred / ワン ハンドゥラッド
1 one / ワン	**11** eleven / イレヴァン	**21** twenty-one / トゥエンティ ワン	**101** one hundred (and) one / ワン ハンドゥラッド アンド ワン
2 two / トゥー	**12** twelve / トゥウェルヴ	⋮	
3 three / スリー	**13** thirteen / サーティーン	**30** thirty / サーティ	**122** one hundred (and) twenty-two / ワン ハンドゥラッド アンド トゥウェンティ トゥー
4 four / フォー	**14** fourteen / フォーティーン	**40** forty / フォーティ	
5 five / ファイヴ	**15** fifteen / フィフティーン	**50** fifty / フィフティ	**200** two hundred / トゥー ハンドゥラッド
6 six / スィックス	**16** sixteen / スィクスティーン	**60** sixty / スィクスティ	**999** nine hundred (and) ninety-nine / ナイン ハンドゥラッド アンド ナインティ ナイン
7 seven / セヴァン	**17** seventeen / セヴァンティーン	**70** seventy / セヴァンティ	
8 eight / エイト	**18** eighteen / エイティーン	**80** eighty / エイティ	
9 nine / ナイン	**19** nineteen / ナインティーン	**90** ninety / ナインティ	**1,000** one thóusand / ワン サウザンド
10 ten / テン	**20** twenty / トゥウェンティ	**99** ninety-nine / ナインティ ナイン	**10,000** ten thousand / テン サウザンド

2 数字を含む表現

年　齢	I'm 12 [13]. (twelve [thirteen])

電話番号	5678-9012 (five six seven eight, nine oh one two)

*電話番号の 0 は oh [オウ] または zero [ズィロウ] のように読みます。

値　段	3,450 yen (three thousand four hundred (and) fifty yen) 25,000 yen (twenty-five thousand yen) 1 dóllar (one dollar)

●やってみよう

1. 例にならい，友だちと対話しましょう。

（例1）A: I'm Sam. I'm 13.
　　　　　私はサムです。私は13歳です。
　　　　B: I'm Mai. I'm 12.
　　　　　私は麻衣です。私は12歳です。

（例2）A: Your phone number, please.
　　　　　あなたの電話番号をお願いします。
　　　　B: 3210-9876. 3210-9876です。
　　　　A: Thank you. ありがとうございます。

(2はp.43へ)

(p.23より)

例にならい，海外の有名人になりきって表現しましょう。

(例) A: Hi, I'm Michael Jackson.
B: Hi, I'm John Lennon. Are you from the U.S.?
A: Yes, I am. Where are you from?
B: I'm from the U.K.

例文の訳

A: こんにちは，私はマイケル・ジャクソンです。

B: こんにちは，私はジョン・レノンです。あなたはアメリカ合衆国出身ですか。

A: はい，そうです。あなたはどこの出身ですか。

B: 私はイギリス出身です。

解答例

・A: Hi, I'm Lady Gaga.　こんにちは，私はレディー・ガガです。

B: Hi, I'm Justin Bieber. Are you from the U.S.?

こんにちは，私はジャスティン・ビーバーです。あなたはアメリカ合衆国出身ですか。

A: Yes, I am. Where are you from?　はい，そうです。あなたはどこの出身ですか。

B: I'm from Canada.　私はカナダ出身です。

単語・語句 'QR

- U.S. [ユーエス] 名 (theをつけて)アメリカ合衆国＝U.S.A. (the United States of America)
- New Zealand [ニュー ズィーランド] 名 ニュージーランド
- Carol [キャラル] 名 キャロル(女子の名)
- Sherry [シェリィ] 名 シェリー(女子の名)
- Kent [ケント] 名 ケント(男子の名)
- aren't [アーント] ＝ are not

- pardon [パードン] 動 許す
- Michael Jackson [マイカル ヂャクスン] 名 マイケル・ジャクソン(人名)（アメリカのミュージシャン）
- John Lennon [ヂャン レナン] 名 ジョン・レノン(人名)（イギリスのミュージシャン）
- be from ～　～の出身である
- Pardon me?　すみません。

Challenge! 解答 (p.29)

1 (1) I am　(2) You are　(3) am not　(4) are not　(5) Are you, I am

2 (1) Where are you from?　(2) I am from Kumamoto.

PROGRAM 2

1-B の生徒たち

Scenes

自分の好きなことやふだんすることなどを言えるようになろう。　QR

1 2人［2つ］以上の人［もの］について言えるようになろう。

アイ ハヴ　アン アップル　フォー ア スナック
I **have** an apple for a snack.

オウ　　　アイ ドウント　ライク アプルズ
Oh, ... I **don't like** apples.

アイ イート ファイヴ バナナズ　　フォー ア スナック
I eat five **bananas** for a snack.

Scenes の意味

A: おやつにリンゴが 1 個あります。
B: まあ，私はリンゴが好きではありません。

B: 私はおやつにバナナを 5 本食べます。

「私は〜を持っています。」「私は〜が好きではありません。」 と言うときは…

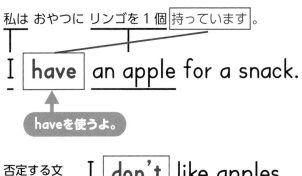

私は おやつに リンゴを 1 個 持っています 。

I have an apple for a snack.

haveを使うよ。

●動詞は 1 つだけ！
am と have はいっしょに使えない。
○ I have an apple.
× I am have an apple.

否定する文　I don't like apples.
=do not
like(動詞)の前にdon'tを置くよ。

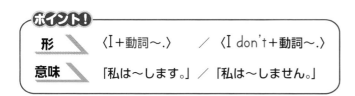

ポイント!

| 形 | 〈I＋動詞～.〉 ／ 〈I don't＋動詞～.〉 |
| 意味 | 「私は～します。」／「私は～しません。」 |

「バナナを5本」 と言うときは…

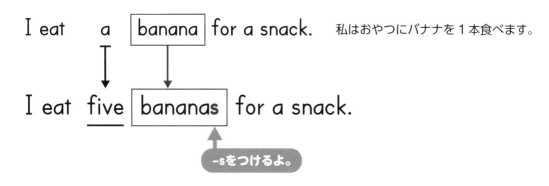

I eat　a　[banana] for a snack.　私はおやつにバナナを1本食べます。

I eat　five　[bananas] for a snack.

-sをつけるよ。

| 形 | 〈名詞＋-(e)s〉（複数形） |
| 意味 | 2人[2つ]以上の人[もの]を表す |

Listen　3人の話を聞いて，それぞれどの人物がアン，純，久美なのか，記号を書きましょう。**QR**

❶ アン（　　） ❷ 純（　　） ❸ 久美（　　）

解答
❶ a
❷ d
❸ c

英文　**QR**

❶ *Ann:* Hi, I'm Ann.　I like my town very much.　I walk my dog every day.
　こんにちは，私はアンです。私は私の町がとても好きです。私は毎日私のイヌを散歩させます。
❷ *Jun:* Hello, I'm Jun.　I like sports.　I ride my bike after school.
　こんにちは，私は純です。私はスポーツが好きです。私は放課後に私の自転車に乗ります。
❸ *Kumi:* Hello, I'm Kumi.　I like my beautiful town.　I grow many flowers.
　こんにちは，私は久美です。私は私の美しい町が好きです。私はたくさんの花を栽培しています。

(Speak & Writeはp.38，単語・語句はp.36，Tryはp.37へ)

2 相手の好きなものについて，たずねたり答えたりできるようになろう。
ものごとを行う時をたずねられるようになろう。 QR

Scenes の意味

A: あなたはよく山に登りますか。
B: はい，登ります。

A: あなたはいつ登りますか。
B: 週末です。

「あなたは〜しますか。」 とたずねるときは…

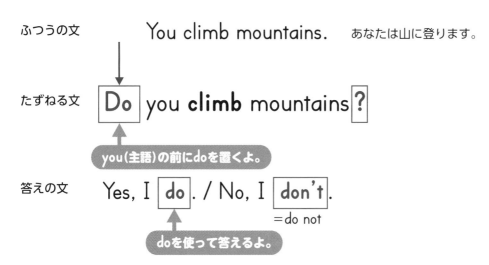

ふつうの文　You climb mountains.　あなたは山に登ります。

たずねる文　Do you climb mountains ?
you(主語)の前にdoを置くよ。

答えの文　Yes, I do. / No, I don't.
=do not
doを使って答えるよ。

| 形 | 〈Do you 〜?〉 — Yes, I do. / No, I don't. |
| 意味 | 「あなたは〜しますか。」—「はい，〜します。」/「いいえ，〜しません。」 |

「いつ〜しますか。」 と時をたずねるときは…

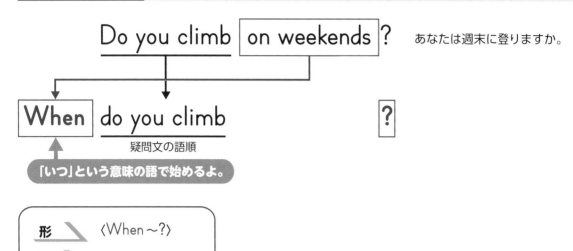

Do you climb on weekends ? あなたは週末に登りますか。

When do you climb ?
疑問文の語順

「いつ」という意味の語で始めるよ。

形　〈When〜?〉
意味　「いつ〜しますか。」

【答え方に注意！】

When do you climb? ― On weekends.
「いつ」　　　　　　　　　　「週末に」

具体的な時を答えるから，Yes / No は使わないよ。

Listen　純, 久美がそれぞれの友人と話しています。英語を聞いて, 正しいほうに
○をつけましょう。QR

❶ 純は走るのが（ 好き / 好きではない ）。
純は（ 登校前 / 放課後 ）に走る。

❷ 久美は英語が（ 好き / 好きではない ）。
久美は英語の勉強を（ 夕食前 / 夕食後 ）に
する。

解答
❶ 好き／放課後
❷ 好きではない／夕食前

対話文　QR

❶ Sam: Do you like running, Jun?　あなたは走るのが好きですか, 純。
　Jun: Yes, I do.　はい, 好きです。
　Sam: When do you run?　あなたはいつ走りますか。
　Jun: I run after school.　私は放課後に走ります。
❷ Mari: Do you like English, Kumi?　あなたは英語が好きですか, 久美。
　Kumi: No, I don't.　But I study English.　いいえ, 好きではありません。でも私は英語を勉強します。
　Mari: When do you study?　あなたはいつ勉強しますか。
　Kumi: I study English before dinner.　私は夕食前に英語を勉強します。

（Speak & Write, 単語・語句はp.45へ）

35

Think

1 真央が自分の趣味について話しています。 **QR**

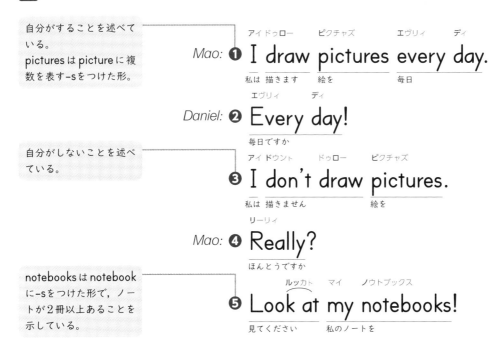

自分がすることを述べている。
pictures は picture に複数を表す-s をつけた形。

Mao: ❶ I draw pictures every day.
アイ ドゥロー　ピクチャズ　エヴリィ　ディ
私は 描きます　絵を　毎日

Daniel: ❷ Every day!
エヴリィ　ディ
毎日ですか

自分がしないことを述べている。

❸ I don't draw pictures.
アイ ドゥウント　ドゥロー　ピクチャズ
私は 描きません　絵を

Mao: ❹ Really?
リーリィ
ほんとうですか

notebooks は notebook に-s をつけた形で、ノートが2冊以上あることを示している。

❺ Look at my notebooks!
ルッカト　マイ　ノウトブックス
見てください　私のノートを

本文の意味

真央：❶私は毎日絵を描くのよ。
ダニエル：❷毎日！　❸ぼくは絵は描かないんだ。
真央：❹ほんとうに？　❺私のノートを見て！
ダニエル：❻うわー，パラパラマンガだ！　❼きみはすごい芸術家だね。
真央：❽まあ，ありがとう。
ダニエル：❾ぼくはきみのパラパラマンガが気に入ったよ。

(p.33より)

単語・語句 **QR**

☐ snack [ス**ナッ**ク] 名 軽食，おやつ
☐ Ann [**ア**ン] 名 アン(女子の名)
☐ every [**エ**ヴリィ] 形 毎〜，〜ごとに
☐ bike [**バ**イク] 名 自転車

☐ after [**ア**フタァ] 前 〜のあとに[で]
☐ grow [グ**ロ**ウ] 動 栽培する，育てる
☐ *every day* 毎日
☐ *after school* 放課後

Daniel: ❻ Wow, flip books!
うわー　　パラパラめくる本ですね

❼ You're a great artist.
あなたはすばらしい芸術家です

Mao: ❽ Oh, thank you.
まあ　　ありがとう

Daniel: ❾ I like your flip books.
私は 好きです あなたのパラパラめくる本が

> 自分が好きなものを述べている。

Q 真央とダニエルになったつもりで答えましょう。

① Do you draw pictures every day, Mao?
あなたは毎日絵を描きますか，真央。

② Do you draw pictures, Daniel?
あなたは絵を描きますか，ダニエル。

A (解答例) ❶ Yes, I do.
はい，描きます。

❷ No, I don't.
いいえ，描きません。

単語・語句 QR

□ draw [ドゥロー] 動 (絵を)描く
□ picture(s) [ピクチャ(ズ)] 名 絵，写真
□ wow [ワウ] 間 うわー

□ flip [フリップ] 名 (本などを)パラパラめくること
□ *look at ~*　~(のほう)を見る

(p.33より)

Try ① (表現例)

I'm a soccer fan. Are you a soccer fan too? / No, I'm not.
私はサッカーファンです。あなたもサッカーファンですか。／いいえ，違います。

2 今度はダニエルがエミリーに質問しています。 QR

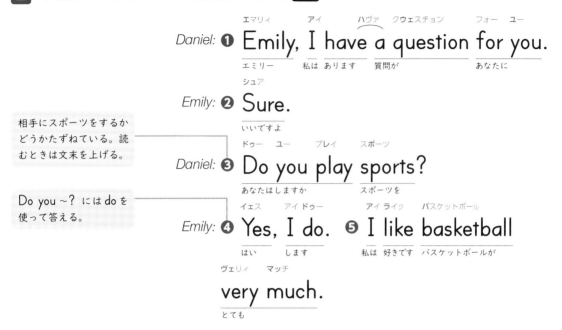

Daniel: ❶ Emily, I have a question for you.
エマリィ　　　アイ　　ハヴァ　クウェスチョン　　　フォー　ユー
エミリー　　　　私は　あります　質問が　　　　　あなたに

Emily: ❷ Sure.
シュア
いいですよ

相手にスポーツをするか
どうかたずねている。読
むときは文末を上げる。

Daniel: ❸ Do you play sports?
ドゥー　ユー　　プレイ　スポーツ
あなたはしますか　　　　スポーツを

Do you ~? には do を
使って答える。

Emily: ❹ Yes, I do. ❺ I like basketball
イエス　アイ ドゥー　　アイ ライク　バスケットボール
はい　　します　　　私は　好きです　バスケットボールが

very much.
ヴェリィ　マッチ
とても

本文の意味

ダニエル：❶エミリー，きみに質問があるんだ。

エミリー：❷いいわよ。

ダニエル：❸きみはスポーツをするの？

エミリー：❹ええ，するわよ。❺私はバスケットボールがとても好きなの。

ダニエル：❻いつバスケットボールをするの？

エミリー：❼お昼休みの間よ。

ダニエル：❽ぼくもバスケットボールをするんだ。

エミリー：❾明日，いっしょにしましょうよ。

ダニエル：❿そうしよう。

(p.33より)

Speak & Write

例にならい，好きなことやふだんすることを表現しましょう。

(例) A: I like sports. I play tennis every day.
　　 B: I like music. I sometimes play the piano.

例文の訳

A: 私はスポーツが好きです。
　 私は毎日テニスをします。

B: 私は音楽が好きです。
　 私はときどきピアノをひきます。

解答例

A: I like books. I read books every day.　私は本が好きです。私は毎日本を読みます。

B: I like music. I listen to music after school.　私は音楽が好きです。私は放課後に音楽を聞きます。

Daniel: ❻ (フ)ウェン　ドゥー　ユー　プレイ　バスケットボール
When do you play basketball?
いつ　　　あなたはしますか　　　バスケットボールを

> バスケットボールをする
> 時をたずねている。読む
> ときは文末を下げる。

Emily: ❼ デュリング　ランチ　ブレイク
During lunch break.
お昼休みの間です

> ❻の質問に対して，バス
> ケットボールをする時を
> 具体的に答えている。

Daniel: ❽ アイ　プレイ　バスケットボール　トゥー
I play basketball too.
私は します　　バスケットボールを　もまた

Emily: ❾ レッツ　プレイ　タゲザァ　タモーロウ
Let's play together tomorrow.
しましょう　　　　いっしょに　　明日

> Let's ～. は相手を誘う
> 言い方。

Daniel: ❿ イエス　レッツ
Yes, let's.
そうしましょう

Q エミリーになったつもりで答えましょう。

① Do you like sports?
あなたはスポーツが好きですか。

② When do you play basketball?
あなたはいつバスケットボールをしますか。

A (解答例) ❶ Yes, I do.　はい，好きです。
❷ During lunch break.　お昼休みの間です。

単語・語句 **'QR**

□ sure [シュア] 副 (Sure.で)いいですよ。[はい。]

□ during [デュリング] 前 ～の間に

□ break [ブレイク] 名 休憩

□ tomorrow [タモーロウ] 副 明日(は)

□ *very much* とても，非常に

□ *Yes, let's.* そうしましょう。

Try ② (表現例)

I like social studies very much.　I don't like math.
私は社会科がとても好きです。私は数学が好きではありません。

Interact

1 相性チェックをしよう

例文と訳

A: I like English. How about you?　私は英語が好きです。あなたはどうですか。
B: I like English.　私は英語が好きです。

A: I eat *natto*. How about you?　私は納豆を食べます。あなたはどうですか。
B: I don't eat *natto*.　私は納豆を食べません。

表現例

・A: I play baseball. How about you?　私は野球をします。あなたはどうですか。
　B: I play baseball.　私は野球をします。
・A: I drink coffee. How about you?　私はコーヒーを飲みます。あなたはどうですか。
　B: I don't drink coffee.　私はコーヒーを飲みません。

2 ふだんすることを表現しよう

例文と訳

A: Do you study Japanese?　あなたは日本語を勉強しますか。
B: Yes, I do.　はい，します。
A: When do you study Japanese?　あなたはいつ日本語を勉強しますか。
B: Before dinner.　夕食前です。

表現例

A: Do you clean your room?　あなたは自分の部屋を掃除しますか。
B: Yes, I do.　はい，します。
A: When do you clean your room?　あなたはいつ自分の部屋を掃除しますか。
B: In the morning.　午前中です。

単語・語句 **QR**

□ video game(s) [**ヴィディオウ ゲイム(ズ)**]
　图 テレビゲーム
□ night [**ナイト**] 图 夜
□ *How about ～?*　～はどうですか。
□ *take a bath*　ふろに入る

□ *go shopping*　買い物に行く
□ *in the morning*　午前(中)に
□ *in the afternoon*　午後に
□ *at night*　夜は[に]

英語のしくみ

1　一般動詞　●）**例文と訳**（●

1. 肯定文（ふつうの文）

・I speak English.　私は英語を話します。

・I like soccer.　私はサッカーが好きです。

2. 否定文（否定する文）

・I speak English.　私は英語を話します。

・I do not [don't] speak Japanese.　私は日本語を話しません。

3. 疑問文（たずねる文）と答え方

・You speak English.　あなたは英語を話します。

・Do you speak English?　あなたは英語を話しますか。

　— Yes, I do. / No, I don't.　はい，話します。／いいえ，話しません。

Challenge!

日本文に合う英文になるように，（　）内に適切な語を入れましょう。

(1)私は毎日牛乳を飲みます。　（　　　　　）（　　　　　　）milk every day.

(2)私は野球をしません。　　　I（　　　　　）（　　　　　　）play baseball.

(3)あなたはスポーツが好きですか。— はい，好きです。

　（　　　　）you（　　　　）sports? — Yes,（　　　　）（　　　　）.

2　複数形

1. 語尾に-sをつける。[ふつうの語]

　girl（少女）− girls [ガールズ] / dog（イヌ）− dogs [ドーグズ]

　cup（カップ）− cups [カップス] / desk（机）− desks [デスクス]

2. 語尾に-esをつける。[-s, -sh, -ch, -xで終わる語]

　class（授業）− classes [クラスィズ] / box（箱）− boxes [バックスィズ]

　watch（腕時計）− watches [ワッチィズ]

3. 語尾のyをiに変えて-esをつける。[〈子音字＋y〉で終わる語]

　city（市，都市）− cities [スィティズ]

Challenge!

下線部の名詞を複数形にして，（　）に書きましょう。

(1) a pen（1本のペン）→ two（　　　　　）（2本のペン）

(2) a bus（1台のバス）→ five（　　　　　）（5台のバス）

(3) a cherry（1個のサクランボ）→ ten（　　　　　）（10個のサクランボ）

（**3**，Challenge!はp.45へ）

Word Web ② 曜日と天気の言い方

1 曜日

サタディ
Saturday
土

サンディ
Sunday
日

マンディ
Monday
月

ア ウィーク
a week
1週間

フライディ
Friday
金

チューズディ
Tuesday
火

サーズディ
Thursday
木

ウェンズディ
Wednesday
水

A: What day is it today?
今日は何曜日ですか。

B: It's Wednesday.
今日は水曜日です。

曜日は次のようにたずねることもできる。
What day of the week is it today?　今日は何曜日ですか。

2 天気

サニィ
sunny
晴れの

クラウディ
cloudy
くもりの

レイニィ
rainy
雨の

A: How's the weather today?
今日の天気はどうですか。

B: It's sunny.
今日は晴れです。

英語でやりとりしよう①

教科書 p.37

英文と訳

1 「～ですか。」 ▶ PROGRAM 1

□ Are you a soccer fan?
あなたはサッカーファンですか。

□ Yes, I am. / No, I'm not.
はい，そうです。／いいえ，違います。

□ Are you happy?
あなたは幸せですか。

□ Yes, I am. / No, I'm not.
はい，幸せです。／いいえ，幸せではありません。

□ Are you from the U.S.?
あなたはアメリカ合衆国出身ですか。

□ Yes, I am. / No, I'm not.
はい，そうです。／いいえ，違います。

□ Where are you from?
あなたはどこの出身ですか。

□ I'm from Miyazaki.
私は宮崎出身です。

2 「～しますか。」「～は好きですか。」 ▶ PROGRAM 2

□ Do you play sports?
あなたはスポーツをしますか。

□ Yes, I do. / No, I don't.
はい，します。／いいえ，しません。

□ Do you like basketball?
あなたはバスケットボールが好きですか。

□ Yes, I do. / No, I don't.
はい，好きです。／いいえ，好きではありません。

□ Do you run?
あなたは走りますか。

□ Yes, I do. / No, I don't.
はい，走ります。／いいえ，走りません。

3 「いつ～しますか。」「どこで～しますか。」 ▶ PROGRAMS 1, 2

□ When do you play basketball?
あなたはいつバスケットボールをしますか。

□ During lunch break.
昼休みの間です。

□ When do you run?
あなたはいつ走りますか。

□ I run after school. / I run before dinner.
私は放課後に走ります。／私は夕食前に走ります。

□ Where do you run?
あなたはどこを走りますか。

□ I run in the park.
私は公園を走ります。

(p.30より)

2. 英語を聞いて，年齢と値段は正しいものを選び，電話番号は数字を記入しましょう。 QR

(1) I'm (13 / ㉚).　(2) (157 / (175)) yen　(3) ①④⑧③－⑥②⑨⓪

英文と訳

(1) I'm thirty.　私は30歳です。

(2) One hundred and seventy-five yen.　175円です。

(3) The phone number is 1483-6290 [oh].　電話番号は1483-6290です。

アクションコーナー

Say It

A: **Play baseball.**
プレイ　ベイスボール
野球をしなさい。

B: **Don't play baseball.** (Do not play baseball.)
ドゥント　プレイ　ベイスボール　　ドゥナットプレイ ベイスボール
野球をしてはいけません。

「〜しなさい」と言うときは動詞で文を始めます。「〜してはいけません」と言うときは動詞の前に **Don't** を置いて文を始めます。

クリーン　ユア　　ルーム
① clean your room
あなたの部屋を掃除する

クロウズ ユア　　ブック
② close your book
あなたの本を閉じる

ドゥリンク サム　　　ティー
③ drink some tea
お茶を飲む

イート ブレックファスト
④ eat breakfast
朝食を食べる

メイク　スシ
⑤ make *sushi*
すしを作る

オウプン ユア　　ブック
⑥ open your book
あなたの本を開く

プレイ　ベイスボール
⑦ play baseball
野球をする

リーダ ブック
⑧ read a book
本を読む

スィンガ ソーング
⑨ sing a song
歌を歌う

スピーク　イングリッシュ
⑩ speak English
英語を話す

スタディ イングリッシュ
⑪ study English
英語を勉強する

テイカ バス
⑫ take a bath
ふろに入る

タッチ　　ユア　　デスク
⑬ touch your desk
あなたの机にさわる

ワッシュ ユア　　フェイス
⑭ wash your face
あなたの顔を洗う

ライト　　ユア　　ネイム
⑮ write your name
あなたの名前を書く

ワッチ　　ティーヴィー
⑯ watch TV
テレビを見る

クック ディナァ
⑰ cook dinner
夕食を料理する

ユーザ カンピュータァ
⑱ use a computer
コンピュータを使う

単語・語句 QR

□ close [クロウズ] 動 閉じる，閉める

□ some [サム, スム] 形 いくらかの，いくつか
の

□ open [オウプン] 動 開ける，開く

□ song [ソーング] 名 歌

□ touch [タッチ] 動 さわる

□ write [ライト] 動 書く

(p.35より)

Speak & Write

例にならい，「～しますか / ～が好きですか」「いつ～しますか」と表現しましょう。

(例) A: Do you play baseball?
　　 B: Yes, I do.
　　 A: When do you play baseball?
　　 B: After school.

例文の訳

A: あなたは野球をしますか。
B: はい，します。
A: あなたはいつ野球をしますか。
B: 放課後です。

解答例

A: Do you watch TV?　あなたはテレビを見ますか。
B: Yes, I do.　はい，見ます。
A: When do you watch TV?　あなたはいつテレビを見ますか。
B: After dinner.　夕食後です。

単語・語句 'QR

□ often［オーファン］副 しばしば
□ climb［クライム］動 登る
□ weekend(s)［ウィーケンド(ウィーケンヅ)］名 週末

□ before［ビフォー］前 (時を表して)～より前に
□ dinner［ディナァ］名 夕食

(p.41より)

3　「いつ」とたずねる文　**例文と訳**

・When do you play tennis?　あなたはいつテニスをしますか。
　— I play tennis on Sundays.　私は日曜日にテニスをします。

Challenge!

日本文に合う英文になるように，(　)内の語を並べかえましょう。

(1) あなたはいつ絵を描きますか。　　　(pictures / do / draw / when / you)?

(2) ((1)に答えて)私は昼休みの間に絵を描きます。　(break / I / pictures / lunch / draw / during).

(Challenge!の解答はp.50)

PROGRAM

3 タレントショーを開こう

Scenes

1 できることやできないことを言えるようになろう。 **QR**

アイ キャン メイク スシ
I **can** make *sushi.*

ザッツ ナイス バット アイ キャント イート フィッシュ
That's nice. But I **can't** eat fish.

リーリィ ゼン アイ キャン メイク ナットウ
Really? Then I can make *natto*
ロウルズ フォー ユー
rolls for you.

サンクス
Thanks.

Scenes の意味

A: 私はすしを作ることができます。
B: それはすばらしい。でも私はさかなを食べられません。

A: ほんとうですか。それなら私はあなたのために納豆巻きを作ることができます。
B: ありがとう。

「〜することができる。」「〜することができない。」 と言うときは…

I make *sushi.*

私はすしを作ります。

I **can** make *sushi.*

make（動詞）の前にcanを置くよ。

否定する文 I **can't** eat fish.
= cannot

canの否定はcan'tあるいはcannotを使うよ。

ポイント!

形	〈主語＋can＋動詞～.〉　　　/　　〈主語＋can't＋動詞～.〉
意味	「(主語)は～することができます。」/「(主語)は～することができません。」

Listen 英語を聞いて, 純とアンができることを選び, 記号を書きましょう。 **QR**

a. swim　　b. dance　　c. ski　　d. speak Chinese

できること　　純

できること　　アン

解答

純　　a

アン　　b, c

対話文　**QR**

Jun: I like summer. I can swim two kilometers.　私は夏が好きです。私は2キロ泳ぐことができます。

Ann: Wow, that's great! But I like winter.　うわー, それはすばらしいですね！　でも私は冬が好きです。

Jun: I know. You can ski very well.

　　　私は知っています。あなたはとてもじょうずにスキーをすることができます。

Ann: I can dance well too.

　　　私はじょうずにダンスをすることもできます。

Jun: Really? I can't dance well.　ほんとうですか。私はじょうずにダンスをすることができません。

Ann: Then, let's practice together.　それでは, いっしょに練習しましょう。

Speak & Write

例にならい, あなたの家族や親せきの1人を選んで, その人ができることやできないことを表現しましょう。

(例)　My brother can make a delicious omelet.

　　　My grandmother can't sing well.

例文の訳

私の兄[弟]はおいしいオムレツを作ることができます。

私の祖母はじょうずに歌うことができません。

解答例

・My father can play the piano.　私の父はピアノをひくことができます。

・My aunt can't speak English.　私のおばは英語を話すことができません。

(単語・語句はp.51, Tryはp.52へ)

2 できることをたずねたり答えたりできるようになろう。
何ができるのかをたずねたり答えたりできるようになろう。 QR

Scenes の意味

A: あなたは料理ができますか。
B: はい, できます。

A: 何を作ることができますか。
B: 私はラーメンを作ることができます。

「〜することができますか。」 とたずねるときは…

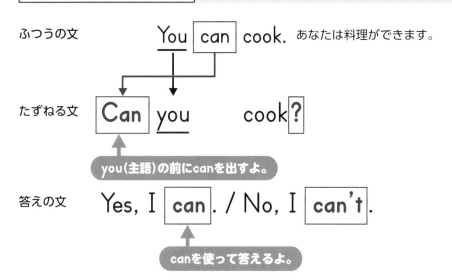

48

ポイント！

形	〈Can＋主語＋動詞～?〉	― 〈Yes, ～ can.〉／〈No, ～ can't.〉
意味	「(主語)は～することができますか。」	―「はい，できます。」／「いいえ，できません。」

「何を～することができますか。」とたずねるときは…

Can you make ｜ramen｜?　　あなたはラーメンを作ることができますか。

What ｜ can you make 　　 ?
　　　　　　疑問文の語順

「何」という意味の語で始めるよ。

ポイント！

形	〈What can＋主語＋動詞～?〉
意味	「(主語)は何を～することができますか。」

『答え方に注意！』

What can you make? ― I can make *ramen*.
「何」　　　　　　　　　　　「ラーメン」

具体的なものを答えるから，Yes / No は使わないよ。

Listen 英語を聞いて，3人ができないこととできることを選び，○をつけましょう。 **QR**

	❶ Sherry	❷ Kenta	❸ Kaoru
できないこと	スキー／スケート	ピアノ／ギター	カレー作り／みそ汁作り
できること	スキー／スケート	ピアノ／ギター	カレー作り／みそ汁作り

(解答)
❶ できないこと　スキー
　できること　　スケート
❷ できないこと　ピアノ
　できること　　ギター
❸ できないこと　カレー作り
　できること　　みそ汁作り

対話文 **QR**

❶ *Sherry:* I like winter sports.　私は冬のスポーツが好きです。

　Kenta: Me too.　Can you ski, Sherry?　私もです。あなたはスキーをすることができますか，シェリー。

　Sherry: No, I can't.　But I can skate well.

　　　　いいえ，できません。でも私はスケートをじょうずにすることができます。

(Listen❷はp.54,　❸はp.55,　Speak & Writeはp.56,　単語・語句はp.57へ)

Think

1 健とエミリーは，ミラー先生とタレントショーについて話しています。 **QR**

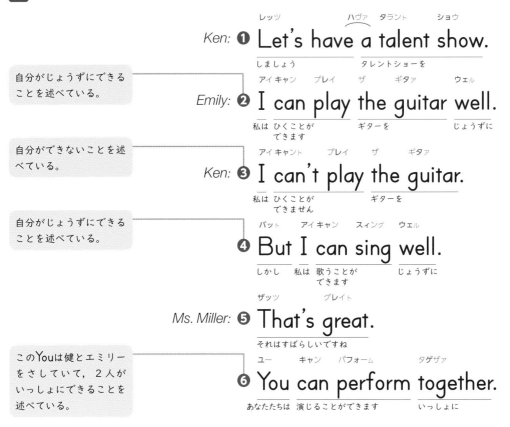

Ken: ❶ Let's have a talent show.
レッツ ハヴァ タラント ショウ
しましょう タレントショーを

自分がじょうずにできる
ことを述べている。

Emily: ❷ I can play the guitar well.
アイ キャン プレイ ザ ギタァ ウェル
私は ひくことが ギターを じょうずに
できます

自分ができないことを述
べている。

Ken: ❸ I can't play the guitar.
アイ キャント プレイ ザ ギタァ
私は ひくことが ギターを
できません

自分がじょうずにできる
ことを述べている。

❹ But I can sing well.
バット アイキャン スィング ウェル
しかし 私は 歌うことが じょうずに
できます

Ms. Miller: ❺ That's great.
ザッツ グレイト
それはすばらしいですね

このYouは健とエミリー
をさしていて，2人が
いっしょにできることを
述べている。

❻ You can perform together.
ユー キャン パフォーム タゲザァ
あなたたちは 演じることができます いっしょに

本文の意味

　　　　健：❶タレントショーをしようよ。

　エミリー：❷私はギターをじょうずにひけるわよ。

　　　　健：❸ぼくはギターはひけないよ。❹でもじょうずに歌えるよ。

ミラー先生：❺それはすばらしいですね。❻あなたたちはいっしょに演奏できますね。

　エミリー：❼健，いっしょうけんめい練習して，ショーを楽しみましょう。

ミラー先生：❽クラスメートといっしょにすばらしい時を過ごせますね。

Challenge! **解答** (p.41, p.45)

1 (1) I drink [have]　(2) do not　(3) Do, like / I do

2 (1) pens　(2) buses　(3) cherries

3 (1) When do you draw pictures?　(2) I draw pictures during lunch break.

Emily: ❼ Ken, let's practice hard and
ケン　レッツ　プラクティス　ハード　アンド
健　練習しましょう　いっしょう　そして
　　けんめいに

have fun at the show.
ハヴ　ファン　アット ザ　ショウ
ショーを楽しみ(ましょう)

Ms. Miller: ❽ You can have a great time
ユー　キャン　ハヴァ　グレイト　タイム
あなたたちは　過ごすことが　すばらしい時を
　　　できます

健とエミリーができることを述べている。

with your classmates.
ウィズ　ユア　クラスメイツ
あなたたちのクラスメートといっしょに

Q 本文の内容と合っていれば○，違っていれば×を書きましょう。

① Emily can play the guitar well.　エミリーはじょうずにギターをひくことができます。
② Ken can't sing well.　健はじょうずに歌うことができません。

A (解答例) ❶ ○
　　　　　　❷ ×

単語・語句 ‘QR
□ talent [**タ**ラント] 名 才能のある人，タレント
□ show [**ショ**ウ] 名 見せ物，番組，ショー
□ perform [パ**フォ**ーム] 動 行う，演じる
□ with [**ウィ**ズ] 前 ～といっしょに
□ classmate(s) [**ク**ラスメイト(**ク**ラスメイツ)] 名 級友，クラスメート
□ *have fun at ～*　～を楽しむ
□ *have a great time*　すばらしい時を過ごす

(p.47より)

単語・語句 ‘QR
□ that's [**ザ**ッツ] = that is
□ then [**ゼ**ン] 副 それでは，それなら
□ roll(s) [**ロ**ウル(ズ)] 名 巻いたもの
□ ski [**ス**キー] 動 スキーをする
□ Chinese [チャイ**ニ**ーズ] 名 中国語[人]
□ kilometer(s) [キ**ラ**ミタァ(ズ)] 名 キロメートル
□ uncle [**ア**ンクル] 名 おじ
□ aunt [**ア**ント] 名 おば
□ cousin [**カ**ズン] 名 いとこ

2 ダニエルが下校中に真央に話しかけています。 **QR**

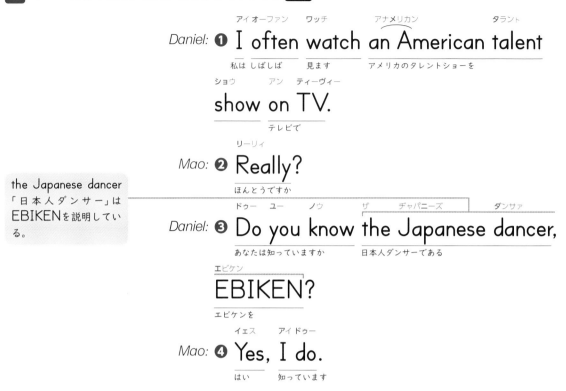

Daniel: ❶ I often watch an American talent
私は しばしば 見ます アメリカのタレントショーを

show on TV.
テレビで

Mao: ❷ Really?
ほんとうですか

the Japanese dancer
「日本人ダンサー」は
EBIKENを説明している。

Daniel: ❸ Do you know the Japanese dancer,
あなたは知っていますか 日本人ダンサーである

EBIKEN?
エビケンを

Mao: ❹ Yes, I do.
はい 知っています

本文の意味

ダニエル：❶ぼくはよくテレビでアメリカのタレントショーを見るんだ。

真央：❷ほんとうに？

ダニエル：❸日本人ダンサーのエビケンを知っている？

真央：❹ええ，知っているわよ。

ダニエル：❺エビケンみたいに踊ろうよ。❻きみは踊れる？

真央：❼ええ，踊れるわよ。

ダニエル：❽何を踊れるの？

真央：❾盆踊りができるわ。

(p.47より)

Try

① **表現例**

Do you study English every day? あなたは毎日英語を勉強しますか。

Daniel: ❺ Let's dance like EBIKEN.
　　　　レッツ　ダンス　ライク　エビケン
　　　　踊りましょう　　　　　エビケンのように

❻ Can you dance?
キャン　ユー　ダンス
あなたは踊ることができますか

> 踊ることができるかどうかをたずねている。

Mao: ❼ Yes, I can.
　　　イェス　アイキャン
　　　はい　　できます

> ❻に答えている文。Can ~? には can を使って答える。

Daniel: ❽ What can you dance?
　　　　(フ)ワット　キャン　ユー　ダンス
　　　　何を　　　あなたは踊ることができますか

> 何を踊れるかをたずねている。読むときは文末を下げる。

Mao: ❾ I can do *bon* dance.
　　　アイキャン　ドゥー　ボン　ダンス
　　　私は　することが　　盆踊りを
　　　　　　できます

 ダニエルと真央になったつもりで答えましょう。

① What do you often watch on TV, Daniel?
　あなたはテレビでしばしば何を見ますか，ダニエル。

② Do you know EBIKEN, Mao?
　あなたはエビケンを知っていますか，真央。

 (解答例) ❶ I often watch an American talent show on TV.
　　　　　　私はよくテレビでアメリカのタレントショーを見ます。
　　　　　❷ Yes, I do.
　　　　　　はい，知っています。

(単語・語句) QR
□ American [アメリカン] 形 アメリカ(人)の　　　□ dancer [ダンサァ] 名 ダンサー

Try
② (表現例)
I can ski. I can't skate.
私はスキーをすることができます。私はスケートをすることができません。

Interact

1 動物ができることを表現しよう

① (解答)

(1) walk — on water

(2) change — their color

(3) jump — from tree to tree

英文と訳

(1) Basilisks can walk on water. バシリスクは水の上を歩くことができます。

(2) Octopuses can change their color. タコは自分の色を変えることができます。

(3) Koalas can jump from tree to tree. コアラは木から木へと跳ぶことができます。

② **例文と訳**

I have a dog. He can catch a ball.

私はイヌを飼っています。彼はボールをつかまえることができます。

2 夢のロボットを紹介しよう

② **例文と訳**

My robot can keep my secrets. 私のロボットは私の秘密を守ることができます。

単語・語句 **QR**

□ basilisk(s) [バサリスク(ス)] 图 バシリスク
（動物の名）

□ their [ゼア] 代 彼ら[彼女ら，それら]の

□ octopus(es) [アクタパス(ィズ)] 图 タコ

□ change [チェインヂ] 動 変える

□ koala(s) [コウアーラ(ズ)] 图 コアラ

□ catch [キャッチ] 動 つかまえる

□ robot [ロウバット] 图 ロボット

□ keep [キープ] 動 守る

□ secret(s) [スィークレット(スィークレッツ)]
图 秘密

□ from ~ to ... ～から…へ[まで]

(p.49より)

❷ *Kenta:* I like music. 私は音楽が好きです。

Sherry: Can you play the piano, Kenta? あなたはピアノをひくことができますか，健太。

Kenta: No, I can't. But I can play the guitar well.

いいえ，できません。でも私はギターをじょうずにひくことができます。

英語のしくみ

1　can　例文と訳

1. 肯定文（ふつうの文）

・I cook curry.　私はカレーを作ります。

・I can cook curry.　私はカレーを作ることができます。

2. 否定文（否定する文）

・I can cook curry.　私はカレーを作ることができます。

・I can't cook steak.　私はステーキを作ることができません。

3. 疑問文（たずねる文）と答え方

・You can cook curry.　あなたはカレーを作ることができます。

・Can you cook curry?　あなたはカレーを作ることができますか。

　— Yes, I can. / No, I can't.　はい，できます。／いいえ，できません。

Challenge!

日本文に合う英文になるように，(　)内に適切な語を入れましょう。

(1)私は10キロ泳ぐことができます。

　I (　　　　) (　　　　　) 10 kilometers.

(2)私は納豆を食べることができません。

　I (　　　　) (　　　　　) natto.

(3)あなたはギターをひくことができますか。— いいえ，できません。

　(　　　　) (　　　　　) play the guitar? — No, (　　　　) (　　　　).

2　「何を」とたずねる文　例文と訳

・What can you cook?　あなたは何を作ることができますか。

　— I can cook curry.　私はカレーを作ることができます。

Challenge!

日本文に合う英文になるように，(　)内の語を並べかえましょう。

(1)あなたは何を歌うことができますか。　　　　　(sing / what / you / can)?

(2)((1)に答えて)私は英語の歌を歌うことができます。　(can / songs / I / English / sing).

(Challenge!の解答はp.59)

(p.49より)

❸　*Sam:* Can you cook curry, Kaoru?　あなたはカレーを作ることができますか，かおる。

　Kaoru: No, I can't.　But I like curry very much.

　　　　いいえ，できません。でも私はカレーがとても好きです。

　Sam: What can you cook?　あなたは何を作ることができますか。

　Kaoru: I can cook *miso* soup.　私はみそ汁を作ることができます。

1

④ 　英文と訳

Hello, everyone.　Do you like sports?
❶ I love soccer.　❷ I can dribble the ball well.
❸ I'm a midfielder.　❹ I'm a Nadeshiko Japan fan.
❺ I watch their games on TV.
Thank you.

みなさん，こんにちは。あなたはスポーツが好きですか。

❶ 私はサッカーが大好きです。❷ 私はじょうずにボールをドリブルできます。

❸ 私はミッドフィールダーです。❹ 私はなでしこジャパンのファンです。

❺ 私はテレビで彼女たちの試合を見ます。

ありがとうございました。

単語・語句 **QR**

☐ J-pop［**チェイパップ**］图 ジェーポップ(日本
　人が作詞・作曲したポピュラー音楽の総称)

☐ midfielder［**ミッドフィールダァ**］图 (サッ
　カーで)中盤の選手，ミッドフィールダー

☐ everyone［**エヴリワン**］代 みなさん，だれも，
　みな

☐ love［**ラヴ**］動 大好きである，愛する

(p.49より)

Speak & Write

例にならい，絵を見て表現しましょう。

(例) A: Can you see any animals?
　　 B: Yes, I can.
　　 A: What can you see?
　　 B: I can see a rabbit.

　 例文の訳

A: あなたは何か動物が見えますか。

B: はい，見えます。

A: あなたは何が見えますか。

B: 私はウサギが見えます。

解答例

A: Can you see any animals?　あなたは何か動物が見えますか。

B: Yes, I can.　はい，見えます。

A: What can you see?　あなたは何が見えますか。

B: I can see <u>a monkey</u>.　私は<u>サル</u>が見えます。

① 英文 QR

Hello, everyone. I'm Takeshi. みなさん，こんにちは。ぼくは武史です。

I have three best friends. ぼくには親友が3人います。

They are cute dogs. 彼らはかわいいイヌです。

Their names are Shiro, Pochi, and Lucky. 彼らの名前はシロ，ポチ，そしてラッキーです。

I like idols. ぼくはアイドルが好きです。

I like Ayumi very much. ぼくはアユミが大好きです。

I go to her concerts with my father. ぼくは父といっしょに彼女のコンサートに行きます。

Thank you. ありがとうございました。

解答

・武史の親友の名前は何ですか。

　シロ，ポチ，ラッキー

・武史は父親と何をしますか。

　アイドルのアユミのコンサートに行く。

③ (2) **解答**

【中心となる話題】　（　①　）親友が3人いる

　　　　　　　　　（　④　）アイドルが好き

【話題の説明】　　　（　②　）みんなかわいいイヌ

　　　　　　　　　（　③　）名前はシロ，ポチ，ラッキー

　　　　　　　　　（　⑤　）好きなアイドルはアユミ

　　　　　　　　　（　⑥　）おとうさんといっしょにコンサートに行く

単語・語句 QR
- Lucky [ラッキィ] 名 ラッキー(犬の名)
- her [ハー] 代 彼女の
- concert(s) [カンサト(コンサツ)] 名 コンサート

(p.49より)

単語・語句 QR
- skate [スケイト] 動 スケートをする
- guitar [ギター] 名 ギター
- any [エニィ] 形 (疑問文で)何か，いくつか

Power-Up 1　ハンバーガーショップへ行こう

1 対話文 QR

Clerk: Hi, what can I get for you?　こんにちは，ご注文は何になさいますか。

Judy: Can I have a hamburger and a ginger ale, please?
ハンバーガーとジンジャーエールをいただけますか。

Clerk: We have three sizes for ginger ale: small, medium, and large.
ジンジャーエールには，小，中，大の３つのサイズがあります。

Judy: Large one, please.　大きいサイズをください。

Clerk: For here or to go?　こちらでめしあがりますか，お持ち帰りになりますか。

Judy: For here, please. How much is it?　ここで食べます。いくらですか。

Clerk: Four dollars, please.　4ドルになります。

Judy: Here you are.　はい，どうぞ。

Clerk: Enjoy your meal.　お食事をお楽しみください。

解答

① ハンバーガーとジンジャーエール(Largeサイズ)

② 4ドル

2 例文と訳

Clerk: Hi, for here or to go?　こんにちは，こちらでめしあがりますか，お持ち帰りになりますか。

Yoji: For here, please.　ここで食べます。

Clerk: What can I get for you?　ご注文は何になさいますか。

Yoji: Can I have a cheeseburger, a small French fries, and a medium orange juice, please?　How much is it?
チーズバーガー，フライドポテトの小，オレンジジュースの中をいただけますか。いくらですか。

Clerk: Six dollars and seventy cents, please.　6ドル70セントになります。

Yoji: Here you are.　はい，どうぞ。

Clerk: Thank you.　ありがとうございます。

3 解答例

① A: Hi, for here or to go?　こんにちは，こちらでめしあがりますか，お持ち帰りになりますか。

B: For here, please.　ここで食べます。

A: What can I get for you?　ご注文は何になさいますか。

B: Can I have an apple pie and a medium ginger ale, please? How much is it?
アップルパイとジンジャーエールの中をいただけますか。いくらですか。

A: Three dollars and forty cents, please.　3ドル40セントになります。

B: Here you are.　はい，どうぞ。

A: Thank you.　ありがとうございます。

② A: Hi, what can I get for you?　こんにちは，ご注文は何になさいますか。

B: Can I have a cheeseburger, a green salad, a small French fries, and a large apple juice, please?

チーズバーガーとグリーンサラダとフライドポテトの小とリンゴジュースの大をいただけますか。

A: For here or to go?　こちらでめしあがりますか，お持ち帰りになりますか。

B: For here, please. How much is it?　ここで食べます。いくらですか。

A: Nine dollars forty cents, please.　9ドル40セントになります。

B: Here you are.　はい，どうぞ。

A: Enjoy your meal.　お食事をお楽しみください。

③ A: Hi, for here or to go?　こんにちは，こちらでめしあがりますか，お持ち帰りになりますか。

B: To go, please.　持ち帰ります。

A: What can I get for you?　ご注文は何になさいますか。

B: Can I have two hamburgers, two small French fries, and two large colas, please? How much is it?

ハンバーガー 2つとフライドポテトの小を2つとコーラの大を2ついただけますか。いくらですか。

A: Eleven dollars and twenty cents, please.　11ドル20セントになります。

B: Here you are.　はい，どうぞ。

A: Thank you.　ありがとうございます。

単語・語句　QR

☐ cheeseburger [**チーズバーガァ**] 名 チーズ
　　バーガー

☐ pie [**パイ**] 名 パイ(肉や果物などを練り粉で
　　包んで焼いた料理・菓子)

☐ large [**ラーヂ**] 形 大きい，広い

☐ ginger ale [**ヂンヂャ エイ**ル] 名 ジンジャー
　　エール(飲み物の名)

☐ cola [**コウラ**] 名 コーラ(飲み物の名)

☐ medium [**ミーディアム**] 名 形 中間(の)

☐ size(s) [**サイズ**(ィズ)] 名 大きさ，サイズ

☐ or [**オー**] 接 または，それとも，〜か

☐ meal [**ミール**] 名 食事

☐ clerk [**クラーク**] 名 店員

☐ cent(s) [**セント**(**センツ**)] 名 セント(アメリ
　　カ，カナダ，オーストラリア，ニュージーラ
　　ンドなどの貨幣単位)

☐ *Can I 〜?*　〜してもよいですか。

☐ *For here or to go?*　こちらでめしあがりま
　　すか，お持ち帰りになりますか。

☐ *How much 〜?*　〜はいくらですか。

☐ *Here you are.*　はい，どうぞ。

Challenge! 解答 (p.55)

1 (1) can swim　(2) can't [cannot] eat [have]　(3) Can you, I can't

2 (1) What can you sing?　(2) I can sing English songs.

PROGRAM
4 Let's Enjoy Japanese Culture.

Scenes

1 友だちや身の回りのものを紹介したり，たずねたり答えたりできるようになろう。 **QR**

イズ ザット ア バード
Is that a bird?

ノウ イット イズント　イッツァ ドゥロウン
No, **it** isn't. It's a drone.

ア ドゥロウン
A drone?

ズィス イズ　ドゥロウン
This is a drone.

| Scenes の意味 |

A: あれは鳥ですか。
B: いいえ，違います。あれはドローンです。

A: ドローンですか。
B: これがドローンです。

「これは〜です。」 と言うときは…

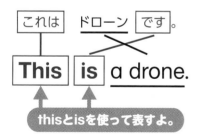

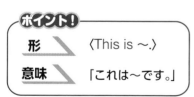

thisとisを使って表すよ。

ポイント！

形 〈This is 〜.〉

意味 「これは〜です。」

「あれは〜ですか。」 とたずねるときは…

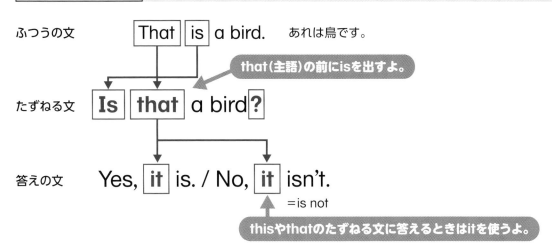

ふつうの文　　　That is a bird.　　あれは鳥です。

that（主語）の前にisを出すよ。

たずねる文　　Is that a bird?

答えの文　　Yes, it is. / No, it isn't.

=is not

thisやthatのたずねる文に答えるときはitを使うよ。

ポイント！

形	〈Is that 〜?〉　　— Yes, it is.　　　／ No, it isn't.
意味	「あれは〜ですか。」 —「はい，そうです。」／「いいえ，違います。」

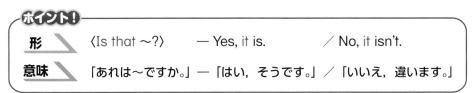

Listen　純とアンが，ユニバーサルデザイン製品を見ながら話をしています。
英語を聞いて，内容に合う絵を選びましょう。 **QR**

❶ (　　　　)　❷ (　　　　)　❸ (　　　　)

a.　　　　　　b.　　　　　　c.

解答

❶ a

❷ c

❸ b

対話文 QR

❶ *Ann:* This is cute. What is it?　これはかわいいです。それは何ですか。

Jun: It's a soap pump. Put your hand under the flower and push the cap.

それはせっけんポンプです。あなたの手を花の下に置いて，キャップを押してください。

Ann: I see.　わかりました。

❷ *Jun:* Is this a paper knife?　これはペーパーナイフですか。

Ann: No, it isn't. It's a pen. You can hold it in your mouth.

いいえ，違います。それはペンです。あなたはそれを口で持つことができます。

Jun: That's nice.　それはすてきですね。

❸ *Ann:* Is this a plug?　これはプラグですか。

Jun: Yes, it is. Put your finger in the hole and just pull it.

はい，そうです。あなたの指を穴に入れて，それをちょっと引いてください。

Ann: It's very useful.　それはとても役に立ちますね。

(Speak & Write，単語・語句，Tryはp.70へ)

2 身の回りの人について話せるようになろう。
人の名前などをたずねたり答えたりできるようになろう。 QR

Who is that woman?
フー　イズ ザット　ウマン

Wow! She is like a real person.
ワウ　シー　イズ ライク ア リーアル パースン

She is an android, Chihira Aiko.
シー　イズ アン アンドゥロイド　チヒラ　アイコ

Yes. She can speak and smile.
イェス　シー　キャン スピーク　アンド スマイル

Scenes の意味

A: あの女の人はだれですか。
B: 彼女はアンドロイドの地平アイこです。

A: うわあ。彼女はまるで本物の人のようです。
B: はい。彼女は話すこともほほえむこともできます。

「彼女は～です。」 と言うときは…

That woman is Aiko. **She** is an android.

あの女性はアイこです。彼女はアンドロイドです。

sheとisを使うよ。SheはAikoの代わりだよ。

ポイント！

形 〈She is ～.〉　　意味 「彼女は～です。」

『「彼は～です。」「それは～です。」の形！』

That man is Mr. Tanaka. **He** is a teacher.　あの男性は田中さんです。彼は先生です。

heとisを使うよ。HeはMr. Tanakaの代わりだよ。

Look at this car. **It** is very big.　この車を見てください。それはとても大きいです。

itとisを使うよ。Itはthis carの代わりだよ。

「～はだれですか。」 とたずねるときは…

Is that woman | Aiko |?　　あの女性はアイこですか。

Who | is that woman |　|?|
　　　　　疑問文の語順

「だれ」という意味の語で始めるよ。

ポイント！

形 〈Who is ～?〉　　**意味** 「～はだれですか。」

【答え方に注意！】

Who is that woman? — She is **an android, Chihira Aiko**.
「だれ」　　　　　　　　　　　　　　　　「アンドロイドの地平アイこ」

だれであるかを具体的に答えるから，Yes / Noは使わないよ。

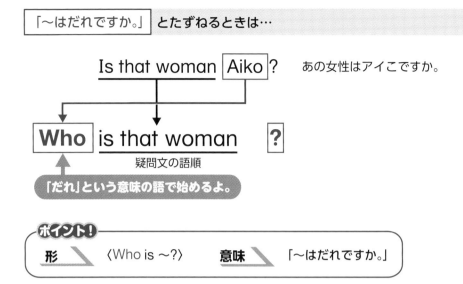

Listen 写真を見ながらサムと久美が話しています。英語を聞いて，どの人のことを話しているか，記号を書きましょう。**QR**

❶ Chika　（　　　　）
❷ Nao　　（　　　　）
❸ Taka　　（　　　　）
❹ Kenji　（　　　　）

解答
❶ h
❷ b
❸ c
❹ a

対話文　**QR**

❶ *Sam:* Who is this woman?　この女性はだれですか。

Kumi: The woman with a dog?　She is my cousin Chika.
　　　イヌといっしょにいる女性ですか。彼女は私のいとこの千佳です。

❷ *Sam:* Can you see the girl with a towel?　Who is she?
　　　あなたはタオルを持っている少女が見えますか。彼女はだれですか。

Kumi: She is Nao.　She is a very fast runner on the track and field team.
　　　彼女は奈緒です。彼女は陸上部に入っているとても速いランナーです。

(Listen❸❹, Speak & Write, 単語・語句はp.71へ)

63

Think

1 ダニエルは授業で，初めて書道をしています。 `QR`

近くにあるものが何であ
るかをたずねている。

Daniel: ❶ (フ)ワッツ ズィス
What's this?
これは何ですか

Mao: ❷ イッツ アン インク スティック
It's an ink stick.
それはインクの棒状の物[墨]です

近くにあるものをさし
て，「これは～ですか。」と
たずねている。

Daniel: ❸ イズ ズィス リーリィ インク
Is this really ink? ❹ イッツ ハード
It's hard.
これはほんとうにインクですか   それはかたいです

Mao: ❺ ルック
Look. ❻ ファースト プット ウォータァ
First, put water
見てください   最初に   水を入れてください

イントゥー ユア インクストウン
into your inkstone.
あなたのすずりの中に

Daniel: ❼ オウケイ
OK.
わかりました

本文の意味

ダニエル：❶これは何？

　　真央：❷インクの棒状の物[墨]よ。

ダニエル：❸これはほんとうにインクなの？　❹かたいよ。

　　真央：❺見て。❻最初に，すずりの中に水を入れるの。

ダニエル：❼わかった。

　　真央：❽それから，墨をすずりの上でこするのよ。

ダニエル：❾なるほど。❿たいへんな作業だね。

　　真央：⓫だから私たちはふつう墨汁を使うのよ。

ダニエル：⓬墨汁？　⓭それは何？

　　真央：⓮インクよ。⓯時間を省くことができるのよ。

Mao: ❽ Then, rub the ink stick on the
それから　こすって　インクの棒状の物［墨］を　すりの上で
　　　　　ください
ゼン　ラブ　ズィ　インク　スティック　アン　ズィ

inkstone.
インクストウン

Daniel: ❾ I see. ❿ That's hard work.
　　　　　なるほど　　それはたいへんな仕事です
アイ スィー　　　ザッツ　　ハード　ワーク

❽の「すずりの上で墨を
こする」ことをさしてい
る。

Mao: ⓫ So we usually use *bokuju*.
　　　それで 私たちは ふつう　　使います 墨汁を
ソウ　ウィー　ユージュアリィ　ユーズ　ボクジュウ

Daniel: ⓬ *Bokuju*? ⓭ What's that?
　　　　　墨汁ですか　　　それは何ですか
ボクジュウ　　　　（フ）ワッツ　ザット

墨汁が何であるかをたず
ねている。

Mao: ⓮ It's ink. ⓯ It can save time.
　　　それはインクです　それは 省くことができます　時間を
イッツ　インク　イット　キャン　セイヴ　タイム

⓫の*bokuju*「墨汁」をさ
している。

---

① Is an ink stick hard or soft?
墨はかたいですか，それともやわらかいですか。

② What is *bokuju*?
墨汁とは何ですか。

A （解答例）❶ It's hard.
　　　　　　　　それはかたいです。

❷ It's ink.
それはインクです。

単語・語句 'QR

□ what's [(フ)ワッツ] = what is
□ stick [スティック] 名 棒状の物
□ into [イントゥー，インタ] 前 ～の中へ[に]
□ inkstone [インクストウン] 名 すずり
□ ※then [ゼン] 副 それから，そのうえ(→教科
　書p.40 副 それでは，それなら)

□ rub [ラブ] 動 こする
□ work [ワーク] 名 仕事
□ save [セイヴ] 動 (時間などを)省く
□ *I see.* なるほど。[そうですか。]

2 書道で日本文化に興味をもったダニエルに，真央が百人一首のかるたを持ってきました。**QR**

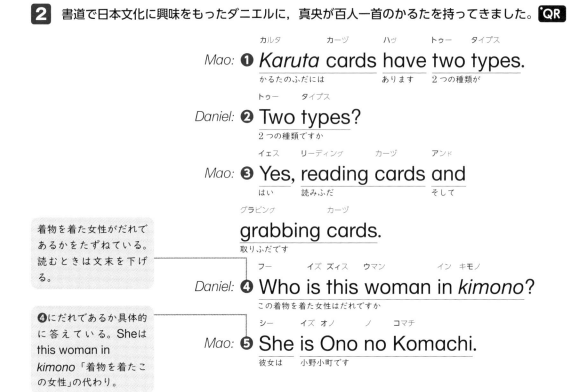

Mao: ❶ *Karuta* cards have two types.
カルタ　　　　　カーヅ　　　ハヴ　　　トゥー　タイプス
かるたのふだには　　　あります　2つの種類が

Daniel: ❷ Two types?
トゥー　タイプス
2つの種類ですか

Mao: ❸ Yes, reading cards and
イェス　リーディング　カーヅ　アンド
はい　　読みふだ　　　　そして

grabbing cards.
グラビング　カーヅ
取りふだです

着物を着た女性がだれであるかをたずねている。読むときは文末を下げる。

Daniel: ❹ Who is this woman in *kimono*?
フー　イズ　ズィス　ウマン　　　イン　キモノ
この着物を着た女性はだれですか

❹にだれであるか具体的に答えている。Sheは this woman in *kimono*「着物を着たこの女性」の代わり。

Mao: ❺ She is Ono no Komachi.
シー　イズ　オノ　ノ　コマチ
彼女は　　小野小町です

本文の意味

真央：❶かるたのふだには2種類あるのよ。

ダニエル：❷2種類？

真央：❸そう，読みふだと取りふだよ。

ダニエル：❹この着物を着た女性はだれ？

真央：❺小野小町よ。

ダニエル：❻彼女は王女なの？

真央：❼いいえ，違うわ。❽彼女は有名な歌人よ。

ダニエル：❾ぼくはそのゲームをしたいな。

真央：❿いいわよ。⓫放課後にしましょう。

Daniel: ❻ Is she a princess?
イズ シー ア プリンセス
ですか 彼女は 王女

> sheは❺のOno no Komachi「小野小町」をさしている。王女かどうかをたずねている。

Mao: ❼ No, she isn't. ❽ She is a famous
ノウ シー イズント シー イズ ア フェイマス
いいえ 違います 彼女は 有名な歌人です

poet.
ポウエット

> ❻にsheとisを使って答えている。

Daniel: ❾ I want to play the game.
アイ ワントゥー プレイ ザ ゲイム
私は したいです そのゲームを

Mao: ❿ OK. ⓫ Let's play after school.
オウケイ レッツ プレイ アフタァ スクール
わかりました しましょう 放課後に

> ❶のKaruta「かるた」をさしている。

Q

① What are the two types of *karuta* cards?
　かるたの2種類のふだは何ですか。

② Is Ono no Komachi a princess?
　小野小町は王女ですか。

A 解答例 ❶ They are reading cards and grabbing cards.
　それらは読みふだと取りふだです。

❷ No, she isn't.
　いいえ，違います。

単語・語句 'QR
□ type(s) [タイプ(ス)] 名 型，類，タイプ
□ reading card(s) [リーディング カード(カーヅ)] 名 読みふだ
□ grabbing card(s) [グラビング カード(カーヅ)] 名 取りふだ
□ poet [ポウエット] 名 歌人，詩人

① 表現例
Try （例：A-1) I like *soba* very much. I often eat *zarusoba*.
　私はそばがとても好きです。私はしばしばざるそばを食べます。

67

Interact

1 スリーヒント・クイズをしよう

例文と訳

出題者：This is a food. It's a fruit. It's yellow. What is it?
これは食べ物です。それはくだものです。それは黄色です。それは何でしょう。

回答者：Is it long?　それは長いですか。

出題者：Yes, it is.　はい，そうです。

回答者：I got it! It's a banana.　わかりました！　それはバナナです。

出題者：That's right.　そのとおりです。

表現例

出題者：This is an animal. It is in the forest. It's gray. What is it?
これは動物です。それは森の中にいます。それは灰色です。それは何でしょう。

回答者：Is it big?　それは大きいですか。

出題者：Yes, it is.　はい，そうです。

回答者：I got it! It's an elephant.　わかりました！　それはゾウです。

出題者：That's right.　そのとおりです。

2 教科書の登場人物を紹介しよう。

表現例

He is from the U.S.　彼はアメリカ合衆国の出身です。

He is 13 years old.　彼は13歳です。

He can play basketball.　彼はバスケットボールをすることができます。

Who is he?　彼はだれでしょう。

単語・語句 QR

□ lion ［ライアン］图 ライオン

□ kangaroo ［キャンガルー］图 カンガルー

□ elephant ［エラファント］图 ゾウ

□ got ［ガット］動 get（得る）の過去形

□ answer ［アンサァ］图 答え

□ round ［ラウンド］形 丸い

□ vegetable ［ヴェヂタブル］图 野菜

□ gray ［グレイ］图 形 灰色（の）

□ tail ［テイル］图 しっぽ

□ forest ［フォーレスト］图 森

□ *I got it!*　わかった。

□ *That's right.*　そのとおりです。

英語のしくみ

1　This is 〜. / That is 〜.　例文と訳

1. 肯定文(ふつうの文)

・This [That] is a drone.　これは[あれは]ドローンです。

2. 否定文(否定する文)

・This [That] is a drone.　これは[あれは]ドローンです。

・This [That] is not a bird.　これは[あれは]鳥ではありません。

3. 疑問文(たずねる文)と答え方

・This [That] is a drone.　これは[あれは]ドローンです。

・Is this [that] a drone?　これは[あれは]ドローンですか。

　— Yes, it is. / No, it isn't.　はい,そうです。／いいえ,違います。

Challenge!

日本文に合う英文になるように,(　)内に適切な語を入れましょう。

(1)これは私のかばんです。　　　　　(　　　　　) (　　　　　) my bag.

(2)あれは体育館ではありません。　(　　　　) is (　　　　) a gym.

(3)これはあなたの自転車ですか。— はい,そうです。

　　(　　　　) (　　　　) your bike? — Yes, (　　　　) (　　　　).

2　代名詞he, she, it　例文と訳

・This is my uncle. He is a teacher.　こちらは私のおじです。彼は先生です。

・This is my sister. She is a high school student.　こちらは私の姉[妹]です。彼女は高校生です。

・Look at this picture. It is really beautiful.　この絵を見なさい。それはほんとうに美しいです。

Challenge!

日本文に合う英文になるように,(　)内から適切な語を選びましょう。

(1)こちらは私の母です。彼女は看護師です。　　　This is my mother. (He, She, It) is a nurse.

(2)こちらは私のおじです。彼は警察官です。　　　This is my uncle. (He, She, It) is a police officer.

(3)あれは私のコンピュータです。それは新しいです。　That is my computer. (He, She, It) is new.

3　「だれ」とたずねる文　例文と訳

・Who is that woman?　あの女性はだれですか。

　— She is Ms. Green.　彼女はグリーン先生です。

(Challenge!はp.73へ)

69

(p.61より)

Speak & Write

グループになり，文房具の持ち主を当てましょう。
・机の上に，文房具を3つずつ置き，質問する順番を決めます。
・最初の人は，ほかの2人に質問をしながら，持ち主をさがします。
・3回たずねたら，交代しましょう。

(例) A: Is this your eraser?　　　A: Is this your pen?
　　 B: Yes, it is.　　　　　　　　B: No, it isn't.
　　 A: Here you are.(返却する)　　A: I see.(机に戻す)

例文の訳

A: これはあなたの消しゴムですか。
B: はい，そうです。
A: はい，どうぞ。
A: これはあなたのペンですか。
B: いいえ，違います。
A: わかりました。

解答例

A: Is this your ruler?　これはあなたの定規ですか。
B: Yes, it is.　はい，そうです。
A: Here you are.　はい，どうぞ。
A: Is this your correction pen?　これはあなたの修正ペンですか。
B: No, it isn't.　いいえ，違います。
A: I see.　わかりました。

単語・語句 **QR**

□ culture [**カ**ルチャ] 名 文化
□ bird [**バ**ード] 名 鳥
□ isn't [**イ**ズント] ＝is not
□ drone [ドゥ**ロ**ウン] 名 ドローン
□ soap pump [**ソ**ウプ **パ**ンプ] 名 せっけんポンプ
□ push [**プ**ッシュ] 動 押す
□ paper knife [**ペ**イパァ **ナ**イフ] 名 ペーパーナイフ
□ hold [**ホ**ウルド] 動 持つ，つかむ

□ plug [**プ**ラグ] 名 (コードの)プラグ，差し込み
□ finger [**フィ**ンガァ] 名 (手の)指
□ hole [**ホ**ウル] 名 穴
□ ※just [**ヂャ**スト] 副 ほんの，ちょっと(→教科書p.24 副 ちょうど，まさに)
□ pull [**プ**ル] 動 引く
□ useful [**ユー**スフル] 形 役に立つ
□ correction pen [カ**レ**クション ペン] 名 修正ペン

① **表現例**

Try What can you cook?　あなたは何を料理することができますか。

(p.63より)

❸ *Sam:* Do you know this man? Who is he?　あなたはこの男性を知っていますか。彼はだれですか。

　　Kumi: The man with a guitar? He is Taka. He is a famous street singer.

　　　　　ギターを持っている男性ですか。彼は貴です。彼は有名なストリートシンガーです。

❹ *Sam:* Who is this boy?　この少年はだれですか。

　　Kumi: The boy on the tennis court? He is my brother Kenji. He is on the tennis team.

　　　　　テニスコートにいる少年ですか。彼は私の兄[弟]の健二です。彼はテニス部に入っています。

Speak & Write

例にならい，右の絵の人物について表現しましょう。

(例) This is Aki.

　　She is 12 years old.

　　She is in 1-A.

　　She is on the tennis team.

Taro
13歳
1-C

Jiro
12歳
1-D

Emi
13歳
1-B

Aki
12歳
1-A

● **例文の訳** ●

こちらはアキです。

彼女は12歳です。

彼女は1年A組です。

彼女はテニス部に入っています。

解答例

This is Taro.　こちらは太郎です。

He is 13 years old.　彼は13歳です。

He is in 1-C.　彼は1年C組です。

He is on the baseball team.　彼は野球部に入っています。

単語・語句 QR

- □ woman [**ウ**マン] 名 女性，女の人
- □ android [アン**ドゥ**ロイド] 名 アンドロイド，人造人間
- □ real [**リ**ーアル] 形 本物の
- □ person [**パ**ースン] 名 人，個人
- □ smile [ス**マ**イル] 動 ほほえむ，笑う
- □ ※with [**ウィ**ズ] 前 ～を持っている(→教科書 p.42 前 ～といっしょに)
- □ towel [**タ**ウル] 名 タオル
- □ runner [**ラ**ナァ] 名 走者，ランナー
- □ man [**マ**ン] 名 男性，男の人
- □ court [**コ**ート] 名 (テニスなどの)コート，中庭

Power-Up 2 持ち主をたずねよう

1 対話文 QR

Mr. White: Whose notebooks are these? They don't have names.

これらはだれのノートですか。それらには名前がありません。

Kaho: Sorry. That's mine.　すみません。それは私のものです。

Mr. White: Which one is yours, Kaho?　どちらのノートがあなたのですか，果歩。

Kaho: The blue one is.　青いノートです。

Mr. White: Both are blue!　両方青いです！

解答

① ノート　　② 自分のもの　　③ 青

2 例文と訳

Mr. White: Kaho, which notebook is yours, the blue one or the light blue one?

果歩，青色のノートと明るい青色のノートのどちらがあなたのですか。

Kaho: The light blue one is.　明るい青色のノートです。

Mr. White: Whose notebook is the other one?　もうひとつのノートはだれのものですか。

Kaho: It's Daisuke's. He's absent today.　それは大介のものです。彼は今日欠席です。

ココに注目！

「どちらの〜」とたずねるときはWhichで始めるよ。

Which notebook is yours, the blue one or the light blue one?
〈which＋名詞〉

どちらなのかを具体的に答えるよ。

答えの文　　The light blue one is.
└── notebookの代わり

「だれの〜」とたずねるときはWhoseで始めるよ。

Whose notebook is the other one?
〈whose＋名詞〉

答えの文　　It's Daisuke's.

だれのものかを具体的に答えるよ。

3 (解答例)

A: Whose <u>bags</u> are these? They don't have names.

　これらはだれの<u>かばん</u>ですか。それらには名前がありません。

B: That's mine.　それは私のものです。

A: Which one is yours?　どちらのかばんがあなたのですか。

B: The <u>green</u> one is.　<u>緑色</u>のかばんです。

発音クリニック

Where are you from? (↘)　あなたはどこの出身ですか。　☆Whereなどで始まる文は文末を下げて読みます。

I have a question for you. (↘)　私はあなたに質問があります。　☆ふつうの文は文末を下げて読みます。

Do you play sports? (↗)　あなたはスポーツが好きですか。　☆たずねる文は文末を上げて読みます。

Which notebook is yours, (↘) the blue one (↗) or the light blue one? (↘)

青色のノートと明るい青色のノートのどちらがあなたのですか。

☆Which 〜, A or B? の文では，カンマの前で下げて，orの前で上げて，文末を下げて読みます。

The light blue one is. (↘)　明るい青色のノートです。　☆答えの文では文末を下げて読みます。

単語・語句 'QR

□ whose [**フー**ズ] 代 だれの

□ these [**ズィー**ズ] 代 これらは[が]

□ mine [**マイ**ン] 代 私のもの

□ which [(フ)**ウィッ**チ] 形 どの，どちらの

□ yours [**ユア**ズ] 代 あなたのもの

□ both [**ボウ**ス] 代 両方

□ light [**ライ**ト] 形 明るい

□ other [**アザ**ァ] 形 ほかの

□ absent [**アブ**スント] 形 欠席の

- -

(p.69より)

Challenge!

日本文に合う英文になるように，(　)内に適切な語を入れましょう。

(1) あの男性はだれですか。— 彼は私たちの音楽の吉田先生です。

　(　　　　) (　　　　　　) that man? — (　　　　　) (　　　　　　) our music teacher, Mr. Yoshida.

(2) あの少女はだれですか。— 彼女は私のクラスメートの由香です。

　(　　　　) (　　　　　　) that girl? — (　　　　　) (　　　　　　) my classmate, Yuka.

(Challenge!の解答はp.78)

73

PROGRAM 5

The Junior Safety Patrol

Scenes　● ● ● ● ● ● ● ● ●

1 ほかの人（1人）がすることやしないことについて言えるようになろう。 **QR**

オウ　ズィス　イズ グッド
Oh, this is good.

イェス　マイ　グラン（ド）マザァ　メイクス
Yes. My grandmother **makes**
ランチ　フォーミー
lunch for me.

シー　クックス　ヴェリィ ウェル
She **cooks** very well.

サンクス　バット シー　ダズント　メイク
Thanks. But she **doesn't** make
ブレックファスト
breakfast.

| Scenes の意味 |

A: わあ，これはおいしいです。
B: はい。私のおばあさんは私のために昼食を作ってくれます。

A: 彼女は料理がとてもじょうずですね。
B: ありがとう。でも彼女は朝食は作りません。

「私のおばあさんは～します。」「彼女は～をしません。」 と言うときは…

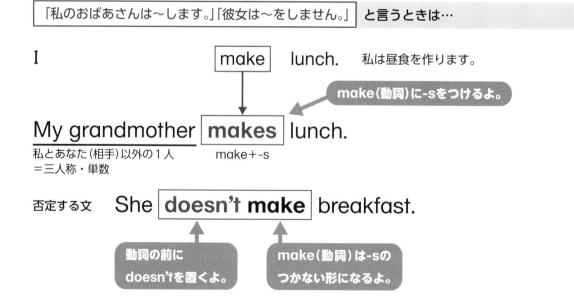

I make lunch.　私は昼食を作ります。

make（動詞）に-sをつけるよ。

My grandmother **makes** lunch.

私とあなた（相手）以外の1人　make＋-s
＝三人称・単数

否定する文　She **doesn't make** breakfast.

動詞の前に
doesn'tを置くよ。

make（動詞）は-sの
つかない形になるよ。

ポイント！

形	〈動詞＋-(e)s〉／〈主語＋doesn't＋-(e)sのつかない動詞～.〉
意味	主語が自分と相手以外の1人であることを表す。／「(主語)は～しません。」

『動詞＋-(e)sのつけ方に注意！』

1. ふつうは語尾に-sをつける。　swim(泳ぐ) → swims　　cook(料理する) → cooks

2. -s, -sh, -ch, -oで終わる語は，語尾に-esをつける。　watch(見る) → watches　　go(行く) → goes

3. 〈子音字＋y〉で終わる語は，語尾のyをiに変えて-esをつける。　study(勉強する) → studies

　　ただし，〈母音字＋y〉で終わる語は，そのまま-sをつける。　play((楽器を)ひく) → plays

例外　have(持っている) → has

Listen 純が3人の友だちについて話しています。英語を聞いて，それぞれの友だちがふだんすることを選んで線で結びましょう。QR

❶David　　❷Meg　　❸Bill

a.　b.　c.　d.　e.　f.

解答
❶ b
❷ c
❸ a

英文 QR

❶ *Jun:* Hi! I'm Jun. David is my friend. I play baseball, but he doesn't play it. He likes soccer. He plays it after school.

　こんにちは！　私は純です。デイビッドは私の友だちです。私は野球をしますが，彼はそれをしません。彼はサッカーが好きです。彼はそれを放課後にします。

❷ *Jun:* Meg is my friend. She likes music. She plays the piano every day, and her sister plays the recorder.

　メグは私の友だちです。彼女は音楽が好きです。彼女は毎日ピアノをひき，彼女のお姉[妹]さんはリコーダーを吹きます。

❸ *Jun:* Do you know Bill? He is my friend. He likes cooking very much. He often makes omelets. But he doesn't make curry and rice.

　あなたはビルを知っていますか。彼は私の友だちです。彼は料理がとても好きです。彼はしばしばオムレツを作ります。しかし彼はカレーライスを作りません。

(Speak & Write，単語・語句，Tryはp.85へ)

75

2 ほかの人（1人）がすることについて，たずねたり答えたりできるようになろう。**QR**

ダズ　ユア　グラン（ド）ファーザァ
Does your grandfather
メイク　ブレックファスト
make breakfast**?**

イェス　ヒー　ダズ　　ヒー　メイクス　　オニギリ
Yes, he **does**. He makes *onigiri*
エヴリィ　モーニング
every morning.

（フ）ワット　ドゥー ユー　ドゥー フォー ユア　ファムリィ
What do you do for your family?

> **Scenes の意味**
>
> A: あなたのおじいさんは朝食を作りますか。
> B: はい，作ります。彼は毎朝おにぎりを作ってくれます。 ｜ A: あなたは家族のために何をしていますか。

「あなたのおじいさんは〜をしますか。」 とたずねるときは…

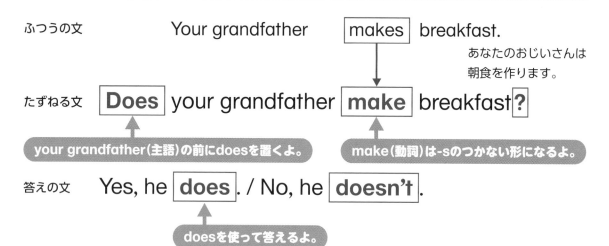

ふつうの文　　　Your grandfather 〔makes〕 breakfast.

あなたのおじいさんは
朝食を作ります。

たずねる文　〔**Does**〕 your grandfather 〔**make**〕 breakfast〔**?**〕

your grandfather（主語）の前にdoesを置くよ。 　 make（動詞）は-sのつかない形になるよ。

答えの文　Yes, he 〔**does**〕. / No, he 〔**doesn't**〕.

doesを使って答えるよ。

> **ポイント！**
>
> | 形 | 〈Does＋主語＋動詞〜?〉 ― 〈Yes, 〜 does.〉／〈No, 〜 doesn't.〉 |
> |---|---|
> | 意味 | 「(主語)は〜しますか。」 ― 「はい，〜します。」／「いいえ，〜しません。」 |

【答えの文の主語に注意！】

Does your grandfather make breakfast?

— Yes, **he** does. / No, **he** doesn't.

代名詞（名詞の代わりをする語）を使うよ。

Listen 英語を聞いて，ジョン，ベッキー，トムについて答えましょう。 QR

❶ John　　　ひく楽器　　　（　　　　　　　　　　　　　）

❷ Becky　　話すことば　　（　　　　　　　　　　　　　）

❸ Tom　　　するスポーツ　（　　　　　　　　　　　　　）

解答
❶ 三味線
❷ 韓国・朝鮮語
❸ アイスホッケー

対話文　QR

❶ A: Do you know John?　あなたはジョンを知っていますか。

　B: Yes, I do.　はい，知っています。

　A: Does he like Japanese music?　彼は日本の音楽が好きですか。

　B: Yes, he does. He plays the *shamisen*.　はい，好きです。彼は三味線をひきます。

❷ A: Are you Becky's friend? Does Becky speak Japanese?

　　あなたはベッキーの友だちですか。ベッキーは日本語を話しますか。

　B: No, she doesn't. But she speaks Korean.　いいえ，話しません。しかし，彼女は韓国・朝鮮語を話します。

❸ A: Where is Tom from?　トムはどこの出身ですか。

　B: He's from Canada.　彼はカナダの出身です。

　A: Does he play ice hockey?　彼はアイスホッケーをしますか。

　B: Yes, he does. He's a good player.　はい，します。彼はじょうずな選手です。

Speak & Write

例にならい，右のわくの中のキャラクターについて，表現しましょう。

（例）A: Does Nobita have a sister?

　　　B: No, he doesn't. He doesn't have a sister.

Doraemon
Suneo
Katsuo
Wakame

例文の訳
A: のび太には姉妹がいます
　か。
B: いいえ，いません。彼には
　姉妹はいません。

解答例

A: Does Doraemon have a sister?　ドラえもんには姉妹がいますか。

B: Yes, he does. He has a sister.　はい，います。彼には妹がいます。

（単語・語句はp.85へ）

Think

1 真央とダニエルが登校しています。 **QR**

heは❶のmy grandpa「私（＝真央）のおじいさん」をさしている。heは三人称・単数なので、動詞であるwatchに-esがついている。

Mao: ❶ That's my grandpa.
あちらは私のおじいさんです

Daniel: ❷ Oh, he watches students, right?
ああ　彼は　見守ります　生徒たちを　よろしいですね

heは三人称・単数なので、動詞であるstandに-sがついている。

Mao: ❸ Yes. ❹ He stands on the street
はい　　　彼は　立ちます　通りに

every day.
毎日

Daniel: ❺ Every day?
毎日ですか

真央のおじいさんがしないことを述べている。

Mao: ❻ Ah, he doesn't stand on weekends.
ああ　彼は　立ちません　週末には

本文の意味

　　真央：❶あれは私のおじいさんよ。

ダニエル：❷生徒たちを見守っているんだよね。

　　真央：❸ええ。❹毎日通りに立っているのよ。

ダニエル：❺毎日？

　　真央：❻ああ，週末は立っていないわ。

ダニエル：❼なるほど。❽アメリカ合衆国にも同じ仕事があるよ。

　　真央：❾ほんとう？

ダニエル：❿うん，でも何人かの生徒たちがほかの生徒たちを見守るんだ。⓫彼らはジュニア・セーフティ・パトロールだよ。

Challenge! 解答 (p.69, p.73)

1 (1) This is　(2) That, not　(3) Is this / it is

2 (1) She　(2) He　(3) It

3 (1) Who is / He is　(2) Who is / She is

Daniel: ❼ I see. ❽ We have the same job
なるほど　　　　私たちは　持っています　同じ仕事を

in the U.S.
アメリカ合衆国で

> このWeは一般の人々を
> さしているので，日本語
> に訳さなくてよい。

Mao: ❾ Really?
ほんとうですか

Daniel: ❿ Yes, but some students watch
はい　　　しかし　何人かの生徒たちが　　　　見守ります

other students. ⓫ They're the Junior
ほかの生徒たちを　　　彼らはジュニア・セーフティ・パトロールです

Safety Patrol.

> ❿のsome students
> 「何人かの生徒たち」をさ
> している。

Q 本文の内容と合っていれば〇，違っていれば×を書きましょう。

① Mao's grandpa watches students.
　真央のおじいさんは生徒たちを見守っています。

② Mao's grandpa stands on the street every day.
　真央のおじいさんは毎日道路に立っています。

A 解答例 ❶ 〇

❷ ×

単語・語句 QR

□ grandpa [グラン(ド)パー] 名 おじいさん

□ ah [アー] 間 ああ(喜び・悲しみなどを表す発声)

□ same [セイム] 形 同じ

□ job [チャブ] 名 仕事

□ they're [ゼア] =they are

□ ~, *right?*　~でよろしいですね。

2 次の日，真央と健はダニエルの家に遊びにやってきました。 **QR**

Ken: ❶ You take off your shoes here.
あなたは ぬぎます あなたのくつを ここで

Daniel: ❷ Yes. ❸ Some Americans don't wear
はい アメリカ人のなかにははかない人もいます

shoes at home nowadays.
くつを 家で 近ごろ

❸の内容「近ごろ家でく
つをはかないアメリカ人
がいる」ことをさしてい
る。

Mao: ❹ That's new to me.
それは新しいです 私には

Daniel: ❺ This is my cousin Jenny.
これは ぼくのいとこのジェニーです

Mao: ❻ She's cool.
彼女はかっこいいです

Daniel: ❼ She's a member of the Junior Safety
彼女はメンバーです ジュニア・セーフティ・パトロールの

Patrol.

本文の意味

　　健：❶ここでくつをぬぐんだ。

ダニエル：❷うん。❸近ごろでは家でくつをはかないアメリカ人もいるんだよ。

　真央：❹それは初めて聞いたわ。

ダニエル：❺これはぼくのいとこのジェニーだよ。

　真央：❻かっこいいわね。

ダニエル：❼彼女はジュニア・セーフティ・パトロールのメンバーなんだ。

　　健：❽彼女は自分の仕事を楽しんでいるの？

ダニエル：❾うん，楽しんでいるよ。❿誇りにも思っているよ。

　真央：⓫それは重要な仕事よね。

Ken: ❽ Does she enjoy her job?
ダズ　シー　インヂョイ　ハー　ヂャブ
彼女は楽しんでいますか　彼女の仕事を

> sheは三人称・単数で現在の文なので, doesを使ってたずねている。

Daniel: ❾ Yes, she does. ❿ She's proud of it
イェス　シー　ダズ　　シーズ　プラウド　アヴ イット
はい　楽しんでいます　彼女はそれを誇りに思っています

> Does ～? には does を使って答える。

too.
トゥー
もまた

> ❽のher job「彼女の仕事(＝ジュニア・セーフティ・パトロール)」をさしている。

Mao: ⓫ It's an important job.
イッツ　アン　インポートント　ヂャブ
それは重要な仕事です

---

① Does Daniel wear shoes at home?
ダニエルは家でくつをはいていますか

② Who is Jenny?
ジェニーとはだれですか。

  (解答例) ❶ No, he doesn't.
いいえ, はいていません。

❷ She is Daniel's cousin.
彼女はダニエルのいとこです。

単語・語句 QR

□ shoe(s) [シュー(ズ)] 名 (通例複数形で)くつ
□ ※American [アメリカン] 名 アメリカ人(→教科書p.43 形 アメリカ(人)の)
□ wear [ウェア] 動 着ている, 身につけている
□ nowadays [ナウアデイズ] 副 今日では, 近ごろ
□ Jenny [ヂェニィ] 名 ジェニー(女子の名)
□ member [メンバァ] 名 一員, メンバー
□ proud [プラウド] 形 誇りをもっている
□ important [インポートント] 形 重要な, 大切な
□ take off ～　～をぬぐ
□ at home　家で[に]
□ be proud of ～　～を誇りに思う

---

 ② (表現例)
Try

This is my sister Emi. She plays the piano.
こちらは私の姉[妹]の絵美です。彼女はピアノをひきます。

Interact

1 友だちを紹介しよう

◉)）例文と訳（◉

Ken: Does your friend like dogs?　あなたの友だちはイヌが好きですか。

Mari: No, he doesn't.　He likes cats.　いいえ，好きではありません。彼はネコが好きです。

Ken: Does he play tennis?　彼はテニスをしますか。

Mari: Yes, he does.　はい，します。

Ken: Does he have a sister?　彼にはお姉[妹]さんがいますか。

Mari: Yes, he does.　He has a big sister.　はい，います。彼にはお姉さんがいます。

Ken: Is he Masao?　彼は雅夫ですか。

Mari: Yes, he is.　はい，そうです。

（表現例）

A: Does your friend do crossword puzzles?　あなたの友だちはクロスワードパズルをしますか。

B: No, she doesn't.　いいえ，しません。

A: Does she ride a bicycle?　彼女は自転車に乗りますか。

B: Yes, she does.　はい，乗ります。

A: Does she have a brother?　彼女にはお兄[弟]さんがいますか。

B: Yes, she does.　She has a big brother.　はい，います。彼女にはお兄さんがいます。

A: Is she Mika?　彼女は美香ですか。

B: Yes, she is.　はい，そうです。

2 友だちの紹介文を書こう

◉)）例文と訳（◉

Masao likes cats.　雅夫はネコが好きです。

He plays tennis.　彼はテニスをします。

He has a big sister.　彼にはお姉さんがいます。

【単語・語句】 QR

□ has [ハズ, ハズ] 動 haveの変化形（主語が三人称単数で現在のときに使う）

□ travel [トゥラヴァル] 動 旅行をする

□ abroad [アブロード] 副 外国へ[に]

□ bicycle [バイスィクル] 名 自転車

□ crossword puzzle(s) [クロースワード パズル(ズ)] 名 クロスワードパズル

□ *take a picture* 写真をとる

英語のしくみ

1 三人称・単数・現在　　◆ 例文と訳 ◆

1. 肯定文（ふつうの文）

・I play tennis.　私はテニスをします。

・Momo plays tennis.　桃はテニスをします。

2. 否定文（否定する文）

・Momo plays tennis.　桃はテニスをします。

・Momo does not [doesn't] play soccer.　桃はサッカーをしません。

3. 疑問文（たずねる文）と答え方

・Momo plays tennis.　桃はテニスをします。

・Does Momo play tennis?　桃はテニスをしますか。

　― Yes, she does. / No, she doesn't.　はい，します。／いいえ，しません。

動詞の-(e)sの形と発音

work（働く） - works ［ワークス］

play（（楽器を）ひく） - plays ［プレイズ］

practice（練習する） - practices ［プラクティスィズ］

wash（洗う） - washes ［ワッシィズ］

go（行く） - goes ［ゴウズ］

like（（～が）好きである） - likes ［ライクス］

love（大好きである） - loves ［ラヴズ］

use（使う） - uses ［ユーズィズ］

watch（見る） - watches ［ワッチィズ］

study（勉強する） - studies ［スタディズ］

Challenge!

日本文に合う英文になるように，（　）内に適切な語を入れましょう。

(1) トムはとてもじょうずに日本語を話します。

　　Tom (　　　　　) Japanese very well.

(2) 私の兄はこのコンピュータを使いません。

　　My brother (　　　　) (　　　　) this computer.

(3) メグは理科が好きですか。― いいえ，好きではありません。彼女は数学が好きです。

　　(　　　　) Meg (　　　　) science?

　　― No, she (　　　　). She (　　　　) math.

(Challenge!の解答はp.84)

Word Web ③ 季節・月の名前

◆ 季節（<ruby>season<rt>スィーズン</rt></ruby>）・月（<ruby>month<rt>マンス</rt></ruby>）

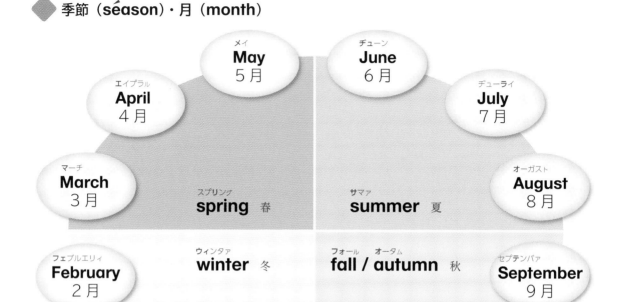

●やってみよう　例文と訳

A: Spring.　春です。

B: March, April, and May.　3月，4月，それと5月です。

Challenge! 解答 (p.83)

(1) speaks　(2) doesn't use　(3) Does, like / doesn't, likes

(p.75より)

Speak & Write

例にならい，身近な人のことについて表現しましょう。

(例) Meg likes music.
　　 She doesn't like fish.

● **例文の訳** ●

メグは音楽が好きです。
彼女は魚が好きではありません。

解答例

・Kenta likes cooking.　健太は料理が好きです。

　He doesn't like sports.　彼はスポーツが好きではありません。

・Eri often eats ice cream.　絵里はしばしばアイスクリームを食べます。

　She doesn't eat pineapple.　彼女はパイナップルを食べません。

単語・語句 QR

□ Junior Safety Patrol [**ヂューニャ セイフティ パトゥロウル**] 名 (theをつけて)ジュニア・セーフティ・パトロール，通学路巡視員

□ doesn't [**ダズント**] ＝does not

□ does [**ダズ，ダズ**] 助 動 doの変化形(主語が三人称単数で現在のときに使う)

□ David [**デイヴィッド**] 名 デイビッド(男子の名)

□ Meg [**メグ**] 名 メグ(女子の名)

□ Bill [**ビル**] 名 ビル(男子の名)

□ cooking [**クッキング**] 名 料理

Try ① **表現例**

What color do you like?　あなたは何色が好きですか。

(p.77より)

単語・語句 QR

□ family [**ファムリィ**] 名 家族

□ John [**ヂャン**] 名 ジョン(男子の名)

□ Becky [**ベッキィ**] 名 ベッキー(女子の名)

□ Tom [**タム**] 名 トム(男子の名)

□ Korean [**カリーアン**] 名 韓国・朝鮮語[人]

□ ice hockey [**アイス ハキィ**] 名 アイスホッケー

□ player [**プレイア**] 名 選手

□ *every morning*　毎朝

PROGRAM 6

The Way to School

Scenes

1 人について「〜を」「〜に」と言うときのことばを使えるようになろう。 **QR**

ズィス イズ マイ フレンド ポール
This is my friend Paul.

オウ アイ ノウ ヒム
Oh, I know **him**.

ヒー イズ スーズ ブラザァ
He is Sue's brother.

オウ スー アイ ライク ハー
Oh, Sue! I like **her**.

Scenes の意味

A: この人は私の友だちのポールです。
B: まあ，私は彼を知っています。

A: 彼はスーのお兄さんです。
B: ああ，スーですね。私は彼女が好きです。

「彼を」 と言うときは…

This is | my friend Paul |. — I know | him |.

your friend Paul（男性）の代わりだよ。

himを使うよ。

「彼女を」 と言うときは…

Oh, | Sue |! I like | her |.

Sue（女性）をくり返さないよ。

herを使うよ。

ポイント！

形 \ him ／ her 　　意味 \ 「彼を [に/が]」／「彼女を [に/が]」

Listen　純とアンの対話を聞いて，それぞれの人物に合うものを線で結びましょう。QR

❶ Taichi　•　　　　　　　• 純の友だち

❷ Lin　•　　　　　　　• 歌手

❸ Mike　•　　　　　　　• 純の兄弟

解答

❶ 純の兄弟

❷ 歌手

❸ 純の友だち

対話文 QR

❶ *Ann:* Look at this picture, Jun. This is Taichi. Do you know him?

　　この写真を見てください，純。これは太一です。あなたは彼を知っていますか。

Jun: Yes, I do.　はい，知っています。

Ann: He's really cool. I like him.　彼はほんとうにかっこいいです。私は彼が好きです。

Jun: Well, he's my brother.　ええと，彼は私の兄[弟]です。

❷ *Jun:* Look at this picture, Ann. This is Lin. Do you know her?

　　この写真を見てください，アン。これはリンです。あなたは彼女を知っていますか。

Ann: No, I don't. Who's she?　いいえ，知りません。彼女はだれですか。

Jun: She's an *enka* singer. She lives in this town.　彼女は演歌歌手です。彼女はこの町に住んでいます。

❸ *Ann:* Look at this picture, Jun. This is Mike. Do you know him?

　　この写真を見てください，純。これはマイクです。あなたは彼を知っていますか。

Jun: Yes, I do. He's from the U.S.　はい，知っています。彼はアメリカ合衆国出身です。

Ann: Do you know him very well?　あなたは彼をとてもよく知っていますか。

Jun: Yeah, he is my best friend.　はい，彼は私の親友です。

Speak & Write

例にならい，あなたが好きなキャラクターを右のわくの中に描いて，友だちと表現しましょう。

（例）*A:* Look at this picture. Do you know her?

　　B: Yes. I know her. She is Sazae.

　　　She is Katsuo's sister.

　　A: Right, and she is Tarao's mother too.

例文の訳

A: この絵を見てください。あなたは彼女を知っていますか。

B: はい。私は彼女を知っています。彼女はサザエです。彼女はカツオのお姉さんです。

A: そのとおりです，そして彼女はタラオのおかあさんでもあります。

解答例

A: Look at this picture. Do you know him?　この絵を見てください。あなたは彼を知っていますか。

B: Yes. I know him. He is Konan. He is Ran's friend.

　　はい。私は彼を知っています。彼はコナンです。彼は蘭の友だちです。

A: Right, and he is a detective too.　そのとおりです，そして彼は探偵でもあります。

（単語・語句，Tryはp.97へ）

87

2 理由をたずね，それに答えられるようになろう。 **QR**

（フ）ワイ ドゥー ユー ライク スー
Why do you like Sue**?**

ビコーズ　　　シー　　イズ オールウェイズ カインド トゥー ミー
Because she is always kind to me.

シー　　イズ カインド トゥー エヴリバディ
She is kind to everybody.

オウ
Oh, ...

| Scenes の意味 |

A: あなたはなぜスーが好きなのですか。
B: なぜなら彼女はいつも私に親切にしてくれるからです。

A: 彼女はだれにでも親切です。
B: ああ，…。

| 「なぜ〜ですか。」 | と理由をたずねるときは…

Do you like Sue?　　あなたはスーが好きですか。

↓

Why do you like Sue **?**
　　　　　疑問文の語順

↑
「なぜ」という意味の語で始めるよ。

答えの文　　**Because** she is always kind to me.
　　　　　　　　　　　　　　理由を表す文

↑
答えるときは，「なぜなら〜だから」という意味の語で始めるよ。

ポイント！

| 形 | 〈Why 〜?〉 　　　 ―〈Because ....〉 |
| 意味 | 「なぜ〜なのですか。」―「なぜなら…だからです。」 |

Listen　サムと久美の対話を聞いて，それぞれの内容に合う絵を選びましょう。**QR**

❶ (　　　)　　❷ (　　　)　　❸ (　　　)

a.　　b.　　c.　　d.

(解答)

❶ a

❷ d

❸ b

対話文　**QR**

❶ *Sam:* Why do you get up early every day?　あなたはなぜ毎日早く起きるのですか。

　Kumi: Because I walk my dog before school.

　　　　なぜなら私は学校に行く前に私のイヌを散歩させるからです。

　Sam: That's nice.　それはいいですね。

❷ *Sam:* Why do you study English hard?　あなたはなぜ英語をいっしょうけんめい勉強するのですか。

　Kumi: Because I like English songs. I can sing many songs in English.

　　　　なぜなら私は英語の歌が好きだからです。私は英語でたくさんの歌を歌うことができます。

　Sam: That's nice!　それはいいですね！

❸ *Sam:* Why do you go to the park on Sundays?　あなたはなぜ日曜日に公園に行くのですか。

　Kumi: Because I practice dance there.　なぜなら私はそこでダンスを練習するからです。

　Sam: That's great.　それはすばらしいですね。

Speak & Write

例にならい，好きな映画について表現しましょう。

（例） *A:* What is your favorite movie?

　　　B: STAR WARS.

　　　A: Why do you like it?

　　　B: Because it's exciting.

例文の訳

A: あなたのお気に入りの映画は何ですか。

B: 『スター・ウォーズ』です。

A: あなたはなぜそれが好きなのですか。

B: なぜならそれはわくわくするからです。

(解答例)

A: What is your favorite movie?　あなたのお気に入りの映画は何ですか。

B: Harry Potter.　『ハリー・ポッター』です。

A: Why do you like it?　あなたはなぜそれが好きなのですか。

B: Because Harry is cool.　なぜならハリーがかっこいいからです。

（単語・語句はp.100へ）

Think

1 エミリーが『世界の果ての通学路』という映画について調べているところに，健がやってきました。**QR**

❶の this boy「この少年」をさしている。

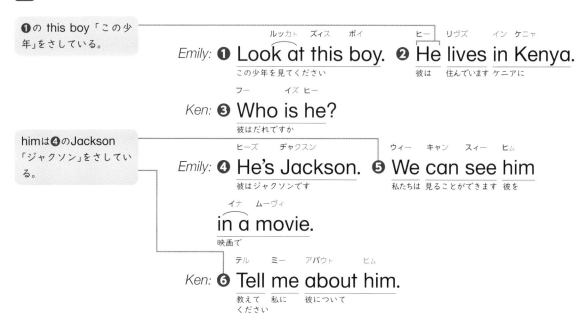

Emily: ❶ ルッカト ズィス ボイ
Look at this boy.
この少年を見てください

❷ ヒー リヴズ イン ケニャ
He lives in Kenya.
彼は 住んでいます ケニアに

Ken: ❸ フー イズ ヒー
Who is he?
彼はだれですか

himは❹のJackson「ジャクソン」をさしている。

Emily: ❹ ヒーズ ヂャクスン
He's Jackson.
彼はジャクソンです

❺ ウィー キャン スィー ヒム
We can see him
私たちは 見ることができます 彼を

イナ ムーヴィ
in a movie.
映画で

Ken: ❻ テル ミー アバウト ヒム
Tell me about him.
教えて 私に 彼について
ください

本文の意味

エミリー：❶この少年を見て。❷彼はケニアに住んでいるの。

健：❸彼はだれ？

エミリー：❹ジャクソンよ。❺私たちは彼を映画で見ることができるわ。

健：❻彼について教えてよ。

エミリー：❼毎朝学校までの15キロを走ったり歩いたりして行くのよ。❽2時間かかるの。

健：❾うわー！

エミリー：❿妹といっしょに学校に行くのよ。

健：⓫2人の向こうにキリンが見えるよ。

エミリー：⓬妹といっしょにサバンナを横切っていくのよ。

Emily: ❼ Every morning he runs and walks 15
エヴリィ　　　　モーニング　　　　ヒー　ランズ　アンド　ウォークス　フィフティーン
毎朝　　　　　　　　　　　　　　彼は　走ったり歩いたりします　　　15キロ

kilometers to school.　❽ It takes
キラミタァズ　トゥー スクール　　　　イット テイクス
学校まで　　　　　　　　　　　　　　かかります

two hours.
トゥー　　アウアズ
2時間

❹のJackson「ジャクソン」をさしている。

このItには「それは」という意味はない。

Ken: ❾ Wow!
ワウ
うわー

Emily: ❿ He goes to school with his sister.
ヒー　ゴウズ　トゥー スクール　ウィズ　ヒズ　スィスタァ
彼は　行きます　学校に　　　　彼の妹といっしょに

Ken: ⓫ I can see giraffes beyond them.
アイ キャン　スィー　ヂャラフス　ビアンド　ゼム
私は 見ることができます　キリンを　彼らの向こうに

themはジャクソンと彼の妹をさしている。

Emily: ⓬ He walks across the savanna
ヒー　ウォークス　アクロース　ザ　サヴァナ
彼は　歩きます　　サバンナを横切って

with her.
ウィズ　ハー
彼女といっしょに

herは❿のhis sister「彼（＝ジャクソン）の妹」をさしている。

---

 ① Where does Jackson live?
　　ジャクソンはどこに住んでいますか。

② What can Ken see beyond Jackson and his sister?
　　健はジャクソンと彼の妹の向こうに何が見えますか。

---

  ❶ He lives in Kenya.
　　彼はケニアに住んでいます。

❷ He can see giraffes beyond them.
　　彼は彼らの向こうにキリンが見えます。

（単語・語句はp.100へ）

91

2 健とエミリーが映画『世界の果ての通学路』について話しています。 **QR**

①のThe savanna 「サバンナ」をさしている。

Ken: ❶ The savanna is amazing.
サバンナは すばらしいです

サバンナが危険な理由をたずねている。読むときは文末を下げる。

Emily: ❷ It's a dangerous place too, you know.
それは危険な場所です もまた だよね

❸に対して理由を答えている。

Ken: ❸ Why is it dangerous?
なぜ それは危険なのですか

Emily: ❹ Because elephants sometimes
なぜならゾウがときどき襲うからです

attack school children.
生徒たちを

Ken: ❺ No way! ❻ Are Jackson and his
まさか ですか ジャクソンと妹は

sister safe?
安全

本文の意味

　　　健：❶サバンナはすばらしいね。

エミリー：❷危険な場所でもあるわよね。

　　　健：❸なぜ危険なの？

エミリー：❹ときどきゾウが生徒たちを襲うからよ。

　　　健：❺まさか！　❻ジャクソンと妹は安全なの？

エミリー：❼いいえ。❽だから両親は２人の無事を祈るのよ。

　　　健：❾それじゃあ，なぜジャクソンは学校に行くの？

エミリー：❿彼には夢があるからよ。

　　　健：⓫彼の夢は何？

エミリー：⓬その映画で答えを見つけることができるわ。

Emily: ❼ No. ❽ So their parents pray for their
ノウ　ソウ　ゼア　ペレンツ　プレイ　フォー　ゼア
いいえ　だから　彼らの両親は　　　祈ります　彼らの無事を

safety.
セイフティ

> どちらも Jackson and his sister「ジャクソンと彼の妹」をさしている。

Ken: ❾ Then, why does Jackson go to
ゼン　(フ)ワイ　ダズ　ヂャクスン　ゴウ　トゥー
それでは　なぜ　ジャクソンは学校に行くのですか

school?
スクール

> ジャクソンが学校に行く理由をたずねている。

Emily: ❿ Because he has a dream.
ビコーズ　ヒー　ハザ　ドゥリーム
なぜなら彼は持っているからです　　夢を

> ❾に対して理由を答えている。

Ken: ⓫ What's his dream?
(フ)ワッツ　ヒズ　ドゥリーム
彼の夢は何ですか

Emily: ⓬ You can find the answer in the movie.
ユー　キャン　ファインド　ズィ　アンサァ　イン　ザ　ムーヴィ
あなたは　見つけることが　その答えを　　　　その映画で
　　　　　できます

---

① Is the savanna a dangerous place?
サバンナは危険な場所ですか。

② Who prays for Jackson and his sister's safety?
だれがジャクソンと妹の無事を祈りますか。

---

　 ❶ Yes, it is.
はい，そうです。

❷ Their parents do.
彼らの両親です。

（単語・語句，Tryはp.101へ）

93

Interact

1 人物を紹介しよう

例文と訳

Ken: Look at Picture C. Do you know anything about him?

写真Cを見てください。あなたは彼について何か知っていますか。

Mari: No, I don't. Who is he?　いいえ，知りません。彼はだれですか。

Ken: He is Natsume Soseki. He is a famous writer.　彼は夏目漱石です。彼は有名な作家です。

Mari: I see.　なるほど。

表現例

A: Look at Picture D. Do you know anything about her?

写真Dを見てください。あなたは彼女について何か知っていますか。

B: No, I don't. Who is she?　いいえ，知りません。彼女はだれですか。

A: She is Aimyon. She is a famous singer-songwriter.

彼女はあいみょんです。彼女は有名なシンガーソングライターです。

B: I see.　なるほど。

2 好きな人物を紹介しよう

例文と訳

❶ *Ken:* I like Fujii Sota.　私は藤井聡太が好きです。

Mari: Why do you like him?　あなたはなぜ彼が好きなのですか。

Ken: Because he plays *shogi* very well.　なぜなら彼はとてもじょうずに将棋をさすからです。

❷ Ken likes Fujii Sota. Fujii plays *shogi* very well.

健は藤井聡太が好きです。藤井はとてもじょうずに将棋をさします。

単語・語句 **'QR**

□ anything [エニィスィング] 代 (疑問文で)何か

□ writer [ライタァ] 名 作家

□ leader [リーダァ] 名 指導者

□ singer-songwriter [スィンガァソーングライタァ] 名 シンガーソングライター(歌手兼作詞作曲家)

□ musician [ミューズィシャン] 名 ミュージシャン，音楽家

□ athlete [アスリート] 名 運動選手，アスリート

英語のしくみ

1 代名詞　● 例文と訳 ●

1. ・This is my uncle. He is a teacher. I like him very much.

こちらは私のおじです。彼は先生です。私は彼がとても好きです。

・This is my sister. She is a high school student. I love her.

こちらは私の姉[妹]です。彼女は高校生です。私は彼女が大好きです。

2. ① *a.* This is his bag.　これは彼のかばんです。

　　b. This bag is his.　このかばんは彼のものです。

② *a.* That is her umbrella.　あれは彼女のかさです。

　　b. That umbrella is hers.　あのかさは彼女のものです

③ *a.* These are our bikes.　これらは私たちの自転車です。

　　b. These bikes are ours.　これらの自転車は私たちのものです。

④ *a.* These are their books.　これらは彼らの本です。

　　b. These books are theirs.　これらの本は彼らのものです。

Challenge!

日本文に合う英文になるように，（　）内に適切な語を入れましょう。

(1)あの少年はトムです。あなたは彼を知っていますか。

　That boy is Tom. Do you know (　　　　　)?

(2)恵は私の友だちです。私はしばしば彼女とテニスをします。

　Megumi is my friend. I often play tennis with (　　　　　).

(3)これらのぼうしは私たちのものです。

　These caps are (　　　　　).

2 「理由」をたずねる文と答え方　● 例文と訳 ●

・Why do you like baseball?　あなたはなぜ野球が好きなのですか。

　— Because it's exciting.　なぜならそれはわくわくするからです。

Challenge!

日本文に合う英文になるように，（　）内の語を並べかえましょう。

(1)健はなぜ毎朝早起きするのですか。　　　(up / Ken / why / get / early / does) every morning?

(2)((1)に答えて)彼は公園を走るからです。　(the / runs / because / in / he) park.

(Challenge!の解答はp.99)

1 【対話文】 QR

Traveler: Excuse me, but where is the food court?　すみませんが，フードコートはどこにありますか。

Staff: It's on the second floor.　2階にあります。

Traveler: I see.　そうですか。

Staff: Take the elevator and go up to the second floor.　エレベーターに乗って2階に上がってください。

Traveler: Thank you very much.　どうもありがとうございます。

Staff: You're welcome.　どういたしまして。

(解答)

① フードコート　　② 2階　　③ エレベーターに乗る。

2 【例文と訳】

John: Excuse me, but where is the burger shop?

すみませんが，ハンバーガーショップはどこにありますか。

Staff: You are here, at the information center.　Take the escalator and go up to the second floor.

あなたはここ，インフォメーションセンターにいます。エスカレーターに乗って2階に上がってください。

John: OK.　わかりました。

Staff: Turn right, and you can see the convenience store.

右に曲がると，コンビニエンスストアが見えます。

John: I see.　なるほど。

Staff: The burger shop is next to the convenience store.

ハンバーガーショップはコンビニエンスストアの隣にあります。

John: Thank you very much.　どうもありがとうございます。

Staff: Have a good time.　楽しい時間をお過ごしください。

3

① (解答例)

A: Excuse me, but where is the flower shop?　すみませんが，花屋はどこにありますか。

B: You are here, at the bookstore.　Take the escalator and go down to the first floor.

あなたはここ，本屋にいます。エスカレーターに乗って1階に降りてください。

A: OK.　わかりました。

B: Turn right, and you can see the sports shop.　右に曲がると，スポーツ店が見えます。

A: I see.　なるほど。

B: The flower shop is next to the sports shop.　花屋はスポーツ店の隣にあります。

A: Thank you very much.　どうもありがとうございます。

B: You're welcome.　どういたしまして。

② (解答例)

A: Excuse me, but where is the bookstore?　すみませんが，本屋はどこですか。

B: You are here, at the sports shop. Take the elevator and go up to the second floor.

　　あなたはここ，スポーツ店にいます。エレベーターに乗って2階に上がってください。

A: OK.　わかりました。

B: Turn left, and you can see the bookstore.　左に曲がると，本屋が見えます。

A: Thank you very much.　どうもありがとうございます。

B: Have a good time.　楽しい時間をお過ごしください。

単語・語句 **QR**

□ excuse［イクス**キュー**ズ］動 許す
□ floor［フ**ロー**］名 階
□ burger［**バー**ガァ］名 ハンバーガー
□ staff［ス**タッ**フ］名 職員，スタッフ
□ information［インファ**メ**イション］名 情報
□ center［**セン**タァ］名 (施設としての)センター

□ escalator［**エ**スカレイタァ］名 エスカレーター
□ next［**ネ**クスト］形 隣の
□ *Excuse me, but ～.*　すみませんが，～。
□ *You're welcome.*　どういたしまして。
□ *next to ～*　～の隣に

(p.87より)

単語・語句 **QR**

□ way［**ウェ**イ］名 道
□ Paul［**ポー**ル］名 ポール(男子の名)
□ him［**ヒ**ム］代 彼を[に]
□ Sue［**スー**］名 スー(女子の名)
□ ※her［**ハー**］代 彼女を[に](→教科書p.48 代 彼女の)
□ Lin［**リ**ン］名 リン(女子の名)

□ Mike［**マ**イク］名 マイク(男子の名)
□ who's［**フー**ズ］＝who is
□ yeah［**イェ**ア］間 うん，そう
□ detective［ディ**テ**クティヴ］名 探偵
□ monster［**マン**スタァ］名 怪獣，モンスター
□ pirate［**パ**イラット］名 海賊

Try　① (表現例)

I usually go to bed at eleven.　私はたいてい11時に寝ます。

英文と訳 **QR**

It's cute! It's small! Insta Snappy is a wonderful instant camera. You can use Insta Snappy very easily. Switch it on and shoot. In 30 seconds, you can have a beautiful picture! You can share the picture with your friends. You can post the picture on the wall. Today, Insta Snappy is just 80 dollars! Buy it now! Don't miss it!

それはかわいいです！　それは小さいです！　インスタスナッピーはすばらしいインスタントカメラです。インスタスナッピーはとても手軽に使えます。スイッチを入れてそしてとります。30秒で，美しい写真をとることができます！　あなたはあなたの友だちと写真を分かち合うことができます。写真を壁にはることができます。本日，インスタスナッピーはたったの80ドルです！　すぐにお買い求めください！　お見逃しなく！

1 **解答**

① (3)

2 **解答**

① 美しい写真ができる。　　② 壁にはる。　　③ 今日はたったの80ドルで買えるから。

3 **解答**

① In 30 seconds, you can have <u>a beautiful picture</u>.　30秒で，美しい写真をとることができます。

② You can post the picture <u>on the wall</u>.　写真を壁にはることができます。

③ Today, Insta Snappy is <u>just 80 [eighty]</u> dollars!　今日，インスタスナッピーはたったの80ドルです！

発音クリニック

● aの発音　[ei エイ]　take [テイク]　famous [フェイマス]

　　　　　　[æ ア]　　attack [アタック]　cat [キャット]　staff [スタッフ]　camera [キャムラ]

　　　　　　[ɔ: オー]　wall [ウォール]

　　　　　　[ɑ ア]　　watch [ワッチ]

● uの発音　[ʌ ア]　　lunch [ランチ]　up [アップ]　much [マッチ]

　　　　　　[ju: ユー]　music [ミューズィック]　cute [キュート]　excuse [イクスキューズ]

● oの発音　[ɔ: オー]　dog [ドーグ]

　　　　　　[ɑ ア]　　shop [シャップ]　job [ヂャブ]

　　　　　　[ʌ ア]　　other [アザァ]

　　　　　　[ou オウ]　post [ポウスト]　go [ゴウ]

　　　　　　[u: ウー]　who [フー]

（単語・語句はp.101へ）

Word Web ④ 順番・日付の言い方

◆ 順番・日付（date）

October

Sun.	Mon.	Tue.	Wed.	Thu.	Fri.	Sat.
					1 ファースト first (1st)	**2** セカンド second (2nd)
3 サード third (3rd)	**4** フォース fourth (4th)	**5** フィフス fifth (5th)	**6** スィックスス sixth (6th)	**7** セヴァンス seventh (7th)	**8** エイス eighth (8th)	**9** ナインス ninth (9th)
10 テンス tenth (10th)	**11** イレヴァンス eleventh (11th)	**12** トウェルフス twelfth (12th)	**13** サーティーンス thirteenth (13th)	**14** フォーティーンス fourteenth (14th)	**15** フィフティーンス fifteenth (15th)	**16** スィックスティーンス sixteenth (16th)
17 セヴァンティーンス seventeenth (17th)	**18** エイティーンス eighteenth (18th)	**19** ナインティーンス nineteenth (19th)	**20** トウェンティス twentieth (20th)	**21** トウェンティ ファースト twenty-first (21st)	**22** トウェンティ セカンド twenty-second (22nd)	**23** トウェンティ サード twenty-third (23rd)
24 トウェンティ フォース twenty-fourth (24th)	**25** トウェンティ フィフス twenty-fifth (25th)	**26** トウェンティ スィックススス twenty-sixth (26th)	**27** トウェンティ セヴァンス twenty-seventh (27th)	**28** トウェンティ エイス twenty-eighth (28th)	**29** トウェンティ ナインス twenty-ninth (29th)	**30** サーティイス thirtieth (30th)
31 サーティ ファースト thirty-first (31st)						

●やってみよう 例文と訳

1. *A:* What's the date today?　今日は何日ですか。
   B: It's October 11.　　　　　10月11日です。

2. *A:* My birthday is April 23.　私の誕生日は4月23日です。
   When is your birthday?　あなたの誕生日はいつですか。
   B: My birthday is June 30.　私の誕生日は6月30日です。

Challenge! 解答 (p.95)

1 (1) him　(2) her　(3) ours

2 (1) Why does Ken get up early every morning?　(2) Because he runs in the park.

(p.89より)

単語・語句 `QR`

□ everybody [**エ**ヴリバディ] 代 すべての人，だれでも

□ early [**アー**リィ] 副 (時間が)早く

□ there [**ゼ**ア] 副 そこで[に，へ]

□ movie [**ムー**ヴィ] 名 映画

□ *STAR WARS* [ス**ター** ウォーズ] 名 スター・ウォーズ(映画のタイトル)

□ romantic [ロウ**マ**ンティック] 形 ロマンチックな

□ *get up* 起きる

(p.91より)

単語・語句 `QR`

□ Kenya [**ケ**ニャ] 名 ケニア

□ Jackson [**ヂャ**クスン] 名 ジャクソン(男子の名)

□ tell [**テ**ル] 動 教える，言う

□ hour(s) [**ア**ウア(ズ)] 名 1時間，時間

□ his [**ヒ**ズ] 代 彼の

□ giraffe(s) [ヂャ**ラ**フ(ス)] 名 キリン

□ beyond [ビ**ア**ンド] 前 ～の向こうに

□ them [**ゼ**ム] 代 彼ら[彼女ら，それら]を[に]

□ across [アク**ロー**ス] 前 ～を横切って，～を越えて

□ savanna [サ**ヴァ**ナ] 名 サバンナ

(p.93より)

単語・語句 `QR`

□ amazing [アメイズィング] 形 すばらしい

□ dangerous [デインヂラス] 形 危険な

□ attack [アタック] 動 襲う，攻撃する

□ children [チルドゥレン] 名 child(子ども)の
複数形

□ child [チャイルド] 名 子ども

□ adult [アダルト] 名 おとな

□ safe [セイフ] 形 無事な，安全な

□ parent(s) [ペレント(ペレンツ)] 名 親

□ pray [プレイ] 動 祈る

□ safety [セイフティ] 名 無事，安全

□ find [ファインド] 動 見つける

□ ~, you know. ~だよね。

□ No way! まさか。[そんなばかな。]

② 表現例

Try I like Nishikori Kei. Do you know him? 私は錦織圭が好きです。あなたは彼を知っていますか。

(p.98より)

単語・語句 `QR`

□ Insta Snappy [インスタ スナッピィ] 名 イ
ンスタスナッピー(架空の商品名)

□ instant [インスタント] 形 すぐの，即時の

□ camera [キャムラ] 名 カメラ

□ easily [イーズィリィ] 副 たやすく，手軽に

□ switch [スウィッチ] 動 スイッチを入れる

□ ※shoot [シュート] 動 写真をとる(→教科書
p.14 動 (ボール)をシュートする)

□ share [シェア] 動 分かち合う

□ wall [ウォール] 名 壁

□ miss [ミス] 動 逃す

□ now [ナウ] 副 今(は)，現在(では)

□ switch on ~ ~のスイッチを入れる

PROGRAM 7 Research on Australia

Scenes

1 人やものの存在について言えるようになろう。**QR**

ベン　アイム　ヴェリィ　ハングリィ
Ben, I'm very hungry.

ミー　トゥー
Me too.

オウ　ゼア　　イズ ア スシ　　レストゥラント
Oh, **there is** a *sushi* restaurant
オウヴァ ゼア
over there.

Scenes の意味

A: ベン，私はとてもお腹がすいています。
B: 私もです。

A: おや，むこうにおすし屋さんがありますね。

「〜があります。」 と初めて話題にするものの存在を言うときは…

Thereで始めるよ。「そこに，そこへ」の意味はないよ。

There │ is │ a *sushi* restaurant over there.
名詞

うしろにくる名詞が単数か複数かで使い分けるよ。

ポイント!

形	〈There is [are] 〜.〉
意味	「〜があります[います]。」

【areになる場合！】

There **are** two balls in the box.　箱の中にボールが２つあります。

> 名詞が複数のときだよ。

【否定する文・たずねる文の形！】

> is [are]のあとにnotを置くよ。

否定する文　There are **not** any libraries in this town.　この町には図書館が１つもありません。

> is [are]をthereの前に出すよ。

たずねる文　**Are** there any libraries in this town?　この町には図書館はありますか。

答えの文　Yes, **there are**. / No, **there aren't**.　はい，あります。／いいえ，ありません。

> thereとis [are]を使って答えるよ。

Listen　純とアンの話を聞いて，それぞれが住んでいる地域にあるものをメモしましょう。 QR

メモ　　　メモ

純　　　　アン

（解答）

純　　（大きな）公園

アン　動物園

○○ 対話文 ○○　QR

Jun: There is a large park in my town.　私の町には大きな公園があります。

Ann: Great. I want to go there.　すばらしいですね。私はそこに行きたいです。

Jun: Are there any interesting places in your town?　あなたの町には何かおもしろい場所はありますか。

Ann: Yes. There is a zoo in my town.　はい。私の町には動物園があります。

Speak & Write

例にならい，自分の住んでいる地域にあるものについて表現しましょう。

（例）*A:* There are three parks near my house.
　　B: Do you usually go to those parks?
　　A: Yes, I do. [No, I don't.]

○○ 例文の訳 ○○

A: 私の家の近くに公園が３つあります。
B: あなたはたいていそれらの公園に行きますか。
A: はい，行きます。[いいえ，行きません。]

（解答例）

A: There is a library near my house.　私の家の近くに図書館があります。

B: Do you usually go there?　あなたはたいていそこに行きますか。

A: Yes, I do.　はい，行きます。

（単語・語句，Tryはp.117へ）

103

2 どのようにするのかたずねたり答えたりできるようになろう。 **QR**

Scenes の意味

A: 私はお腹がいっぱいです。でも何か甘いものがほしいです。
B: 私は新しいケーキ屋さんを知っています。

A: わあ。私たちはどうやったらそこに行けますか。
B: バスで行けます。

「どのように〜しますか。」と手段・方法をたずねるときは…

Can we go there by bus? 私たちはバスでそこに行けますか。
「バスで」

How can we go there?
疑問文の語順

「どのように」という意味の語で始めるよ。

ポイント!

形 〈How 〜?〉 意味 「どのように〜しますか。」

【答え方に注意!】

How can we go there? — We can go there **by bus**.
「どのように」 「バスで」

具体的な方法を答えるから，Yes / No は使わないよ。

解答

純　自転車

アン　徒歩

対話文　'QR

Ann: How do you come to school, Jun?　あなたはどのように学校に来ますか，純。

Jun: Well, I live in Kawadamachi. It's a little far from school. So I come to school by bike.

　　　ええと，私は川田町に住んでいます。それは学校から少し遠いです。だから私は自転車で学校に来ます。

Ann: I see.　なるほど。

Jun: How do you come to school? You live in Asahi-cho. So you walk to school, right?

　　　あなたはどのように学校に来ますか。あなたは朝日町に住んでいます。だからあなたは歩いて学校に来るのですよね。

Ann: Yes. I walk to school.　はい。私は歩いて学校に来ます。

Speak & Write

例にならい，学校に来る手段について表現しましょう。

（例）*A:* How does <u>Mr. Yamada</u> come to school?

　　　B: <u>By train</u>. How about <u>Ms. Oka</u>?

　　　A: <u>By bus</u>.

例文の訳

A: 山田先生はどのように学校に来ますか。

B: 電車で来ます。岡先生はどうですか。

A: バスで来ます。

解答例

A: How does <u>Mr. Hayashi</u> come to school?　<u>林先生</u>はどのように学校に来ますか。

B: <u>By car</u>. How about <u>Ms. Morita</u>?　<u>車</u>で来ます。<u>森田先生</u>はどうですか。

A: <u>By bike</u>.　<u>自転車</u>で来ます。

単語・語句　'QR

□ full [**フル**] 形 いっぱいの，満ちた

□ something [**サム**スィング] 代 何か

□ come [**カ**ム] 動 来る，（相手のいる方向へ）行く

□ little [**リ**トゥル] 副 少し（は）

□ far [**ファー**] 副 遠くに

□ train [**トゥレイン**] 名 電車，列車

□ car [**カー**] 名 自動車

□ *a little*　少し

105

Think

1 健とエミリーがパソコン室で調べ活動をしています。 `QR`

ユー　ライク　ワールド　ヘリティヂ　サイツ　ライト
Emily: ❶ You like World Heritage Sites, right?
あなたは　好きです　世界遺産が　　　　　　　でよろしいですね

イェス
Ken: ❷ Yes.
はい

many sites「たくさんの場所」と複数なので、areが使われている。
many sitesは, many World Heritage Sites「たくさんの世界遺産」のこと。

イン　オーストゥレイリャ　ゼア　アー　メニィ　サイツ
Emily: ❸ In Australia, there are many sites.
オーストラリアには　　あります　　たくさんの場所が

リーリィ　　フォー　イグザンプル
Ken: ❹ Really?　❺ For example?
ほんとうですか　たとえば

a famous place「有名な場所」と単数なので、isが使われている。

ゼア　イズ　ア　フェイマス　プレイス　イン　スィドニィ
Emily: ❻ There is a famous place in Sydney.
あります　　有名な場所が　　　　シドニーには

ヒア　イット　イズ　イッツ　ズィ　アプラ　ハウス
❼ Here it is.　❽ It's the Opera House.
ここにあります　　それはオペラハウスです

本文の意味

エミリー：❶あなたは世界遺産が好きよね？

　　健：❷うん。

エミリー：❸オーストラリアにはたくさんの世界遺産があるのよ。

　　健：❹ほんとうに？　❺たとえば？

エミリー：❻シドニーには有名な場所があるわ。❼ここにあるわよ。❽オペラハウスよ。

　　健：❾うわー！　❿とてもきれいだね。

エミリー：⓫グレートバリアリーフもあるのよ。

　　健：⓬見たいなあ。

エミリー：⓭たくさんの独特な動物もいるわ。

　　健：⓮知っているよ！　⓯コアラやカンガルーはとてもかわいいよね。

Ken: ❾ Wow!　ワウ
うわー
❿ It's so beautiful.
イッツ　ソウ　ビュータフル
それはとても美しいです

Emily: ⓫ We also have the Great Barrier Reef.
ウィー　オールソウ　ハヴ　ザ　グレイト　バリア　リーフ
私たちには　もまた　あります　グレートバリアリーフ

> ❽のthe Opera House「オペラハウス」をさしている。

> ⓫のthe Great Barrier Reef「グレートバリアリーフ」をさしている。

Ken: ⓬ I want to see it.
アイ　ワントゥー　スィート
私は　見たいです　それを

Emily: ⓭ There are many unique animals too.
ゼア　アー　メニィ　ユーニーク　アナマルズ　トゥー
います　たくさんの独特な動物が　もまた

> many unique animals「たくさんの独特な動物」と複数なので, areが使われている。

Ken: ⓮ I know!　アイ ノウ
私は　知っています
⓯ Koalas and kangaroos
コウアーラズ　アンド　キャンガルーズ
コアラとカンガルーは

are so cute.
アー　ソウ　キュート
とてもかわいいです

Q
① What is a famous place in Sydney?
シドニーで有名な場所は何ですか。

② What are unique animals in Australia?
オーストラリアにいる独特な動物は何ですか。

A (解答例)
❶ It's the Opera House.　オペラハウスです。
❷ They are koalas and kangaroos.　コアラとカンガルーです。

単語・語句 QR

□ World Heritage Site(s) [ワールド ヘリティヂ サイト(サイツ)] 名 世界遺産

□ site(s) [サイト(サイツ)] 名 場所

□ example [イグザンプル] 名 例

□ Sydney [スィドニィ] 名 シドニー(オーストラリアの都市)

□ Opera House [アプラ ハウス] 名 (theをつけて)オペラハウス(オーストラリアの劇場名)

□ also [オールソウ] 副 ～もまた, さらに

□ Great Barrier Reef [グレイト バリア リーフ] 名 (theをつけて)グレートバリアリーフ(オーストラリア北東部にある世界最大のサンゴ礁地帯)

□ unique [ユーニーク] 形 独特な

□ *for example*　たとえば

□ *Here it is.*　ここにあります(ね)。

2 健とエミリーのところに，真央がやってきました。 **QR**

「それは」と訳さない。

イッツ サマァ イン オーストゥレイリャ ナウ
Mao: ❶ It's summer in Australia now.
夏です オーストラリアでは 今

相手が何をするのかをたずねている。

(フ)ワット ドゥー ユー ドゥー イン サマァ エマリィ
Ken: ❷ What do you do in summer, Emily?
何を あなたはしますか 夏に エミリー

❷に具体的に答えている。

アイ ゴウ トゥー ザ ビーチ アンド
Emily: ❸ I go to the beach and
私は 行きます 浜辺に そして

ハヴァ バーベキュー
have a barbecue.
します バーベキューを

サウンヅ ファン
Ken: ❹ Sounds fun.
楽しそうですね

アイ オールソウ ハヴァ クリスマス パーティ
Emily: ❺ I also have a Christmas party
私は もまた します クリスマスパーティーを

アン ザ ビーチ
on the beach.
浜辺で

本文の意味

真央：❶オーストラリアは今，夏よね。

健：❷夏には何をするの，エミリー？

エミリー：❸浜辺に行って，バーベキューをするわ。

健：❹楽しそうだね。

エミリー：❺浜辺でクリスマスパーティーもするのよ。

真央：❻サンタクロースはどうやって来るの？

エミリー：❼ジェットスキーかサーフボードに乗って来るのよ。

健：❽かっこいいね。❾いつかオーストラリアに行こうよ。

真央：❿そうしましょう。

エミリー：⓫私はあなたたちを案内して回れるわ。

Mao: ❻ How does Santa Claus come?
ハウ　ダズ　サンタ　クローズ　カム
どのように　サンタクロースは来るのですか

> サンタクロースが来る方法をたずねている。読むときは文末を下げる。

Emily: ❼ By jet ski or on a surfboard.
バイ　チェットスキー　オー　アナ　サーフボード
ジェットスキーで　あるいは　サーフボードに乗って（来ます）来ます

> ❻に対して，サンタクロースが来る方法を具体的に答えている。

Ken: ❽ It's cool.　❾ Let's go to Australia
イッツ　クール　レッツ　ゴウ　トゥー　オーストゥレイリャ
それはかっこいいです　行きましょう　オーストラリアに

> ❼のサンタクロースがジェットスキーかサーフボードに乗って来ることをさしている。

someday.
サムディ
いつか

Mao: ❿ Yes, let's.
イエス　レッツ
そうしましょう

Emily: ⓫ I can show you around.
アイ キャン　ショウ　ユー　アラウンド
私は　あなたたちを案内して回ることができます

---

① What does Emily do in summer?
エミリーは夏に何をしますか。

② How does Santa Claus come in Australia?
オーストラリアではサンタクロースはどのように来ますか。

---

  ❶ She goes to the beach and has a barbecue.
彼女は浜辺に行って，バーベキューをします。

❷ By jet ski or on a surfboard.
ジェットスキーかサーフボードに乗って来ます。

（単語・語句，Tryはp.117へ）

109

Interact

1 文房具の場所を説明しよう

例文と訳

A: There is a notebook on my desk.　私の机の上にノートが 1 冊あります。

B: A notebook?　ノートが 1 冊ですか。

A: Yes. And there are three pens and a ruler on the notebook.

　はい。そして，ペンが 3 本と定規が 1 つノートの上にあります。

B: I see. There are three pens and a ruler on the notebook. Right? Let's check.

　わかりました。ペンが 3 本と定規が 1 つノートの上にあります。そうですよね？　確かめてみましょう。

表現例

A: There is a book on my desk.　私の机の上に本が 1 冊あります。

B: A book?　本が 1 冊ですか。

A: Yes. And there are two highlighters and an eraser on the book.

　はい。そして，蛍光ペンが 2 本と消しゴムが 1 つ本の上にあります。

B: I see. There are two highlighters and an eraser on the book. Right? Let's check.

　わかりました。蛍光ペンが 2 本と消しゴムが 1 つ本の上にあります。そうですよね？　確かめてみましょう。

2 交通手段を説明しよう

① 例文と訳

Ken: Where does your uncle live?　あなたのおじさんはどこに住んでいますか。

Mari: He lives in Shizuoka City.　彼は静岡市に住んでいます。

Ken: How do you go to his house?　あなたはどのように彼の家に行きますか。

Mari: By Shinkansen.　新幹線で行きます。

表現例

A: Where does your aunt live?　あなたのおばさんはどこに住んでいますか。

B: She lives in Sapporo City.　彼女は札幌市に住んでいます。

A: How do you go to her house?　あなたはどのように彼女の家に行きますか。

B: By plane.　飛行機で行きます。

② 例文と訳

Yamada-kun goes to Shizuoka by Shinkansen.　山田君は新幹線で静岡に行きます。

（単語・語句はp.111へ）

英語のしくみ

1 There is 〜. / There are 〜. ● 例文と訳 ●

1. 肯定文（ふつうの文）

・There is a park in my town.　私の町には公園があります。

・There are three parks in my town.　私の町には公園が3つあります。

2. 否定文（否定する文）

・There are not any department stores in my town.　私の町にはデパートが1つもありません。

3. 疑問文（たずねる文）と答え方

・Are there any parks in your town?　あなたの町には公園がありますか。

　— Yes, there are. / No, there aren't.　はい，あります。／いいえ，ありません。

Challenge!

日本文に合う英文になるように，(　)内の語句を並べかえましょう。

(1)テーブルの上にリンゴが1つあります。　(the table / is / on / there / an apple).

(2)私のかばんの中に本が3冊あります。　(in / three books / there / my bag / are).

(3)この町には動物園が1つもありません。　(not / in / any zoos / this town / are / there).

(4)あなたの学校にはコンピュータがありますか。　(your school / any computers / there / in / are)?

2 「手段・方法」をたずねる文

・How do you come to school?　あなたはどのように学校に来ますか。

　— By bike.　自転車で来ます。

Challenge!

日本文に合う英文になるように，(　)内の語句を並べかえましょう。

(1)あなたはどのように駅に行きますか。　(you / to / do / how / the station / go)?

(2)彼女はどのように英語を勉強しますか。　(English / she / how / study / does)?

(Challenge!の解答はp.112)

(p.110より)

単語・語句 QR

□ check [チェック] 動 確かめる

□ highlighter [ハイライタァ] 名 蛍光ペン

□ ballpoint pen [ボールポイント ペン] 名 ボールペン

□ mechanical pencil [マキャニカル ペンスル] 名 シャープペンシル

□ plane [プレイン] 名 飛行機

□ ship [シップ] 名 (大型の)船

1 英文 QR

Yuki: I'd like to talk about my favorite season. I like summer. I have two reasons. First, I can go camping with my family. Second, I can watch fireworks at night. They are very beautiful. So I like summer. Thank you for listening.

私は大好きな季節についてお話ししたいと思います。私は夏が好きです。理由は2つあります。第一に，私は家族といっしょにキャンプに行くことができます。第二に，私は夜に花火を見ることができます。それらはとても美しいです。だから私は夏が好きです。ご清聴ありがとうございました。

解答

① 夏　　② ・家族とキャンプに行けるから。　　・夜に花火を見ることができるから。

2 英文と訳

Topic: My Favorite Season　トピック：私の大好きな季節

① 導入

I'd like to talk about my favorite season. I like fall very much.

私は大好きな季節についてお話ししたいと思います。私は秋がとても好きです。

② 展開

I have two reasons.　理由は2つあります。

First, I can eat many kinds of delicious fruits.

第一に，私はたくさんの種類のおいしいくだものを食べることができます。

Second, I like the weather. I can enjoy sports outside.

第二に，私は天候が好きです。私は外でスポーツを楽しめます。

③ まとめ

So my favorite season is fall. Thank you for listening.

だから私の大好きな季節は秋です。ご清聴ありがとうございました。

単語・語句 QR

□ I'd [アイド] = I would
□ reason(s) [リーズン（ズ）] 名 理由
□ topic [タピック] 名 話題，トピック
□ outside [アウトサイド] 副 外は [で，に]
□ life [ライフ] 名 生活，人生

□ country [カントゥリィ] 名 田舎，郊外，国
□ *would like to 〜*　〜したいと思う
□ *a kind of 〜*　一種の〜

Challenge! 解答 (p.111)

1 (1) There is an apple on the table.　(2) There are three books in my bag.

　(3) There are not any zoos in this town.　(4) Are there any computers in your school?

2 (1) How do you go to the station?　(2) How does she study English?

英語でやりとりしよう②

英文と訳

1 「〜できますか。」　▶ PROGRAM 3

□ Can you cook Chinese food?
あなたは中華料理を作ることができますか。

□ What can you make?
あなたは何を作ることができますか。

□ Yes, I can. / No, I can't.
はい，できます。／いいえ，できません。

□ I can make *ramen*.
私はラーメンを作ることができます。

2 私，あなた以外の人・もの・動物　▶ PROGRAM 4

□ Is this [that] a bird?
これは[あれは]鳥ですか。

□ Is he [she] your brother [sister]?
彼は[彼女は]あなたのお兄[弟]さん[お姉[妹]さん]
ですか。

□ Who is that woman [man]?
その女性[男性]はだれですか。

□ Yes, it is. / No, it isn't.
はい，そうです。／いいえ，違います。

□ Yes, he [she] is. / No, he [she] isn't.
はい，そうです。／いいえ，違います。

□ She [He] is my English teacher.
彼女は[彼は]私の英語の先生です。

3 私，あなた以外の単数の人・動物　▶ PROGRAM 5

□ Does he [she / 人名] like fruits?
彼は[彼女は／(人名)は]くだものが好きですか。

□ Yes, he [she] does. / No, he [she] doesn't.
はい，好きです。／
いいえ，好きではありません。

4 理由をたずねたり答えたりする文　▶ PROGRAM 6

□ Why do you like Ken?
あなたはなぜ健が好きなのですか。

□ Because he is always kind to me.
なぜなら彼はいつも私に親切だからです。

5 人やものの存在をたずねたり答えたりする文　▶ PROGRAM 7

□ Is there a restaurant near here?
この近くにレストランはありますか。

□ Yes, there is. / No, there isn't.
はい，あります。／いいえ，ありません。

6 手段についてたずねたり答えたりする文　▶ PROGRAM 7

□ How do you come to school?
あなたはどうやって学校に来ますか。

□ By bus. / I walk to school.
バスで来ます。／私は学校に歩いて来ます。

Word Web ⑤ 疑問詞のまとめ

what や who などは疑問詞と言い，ふつう文頭に置かれます。
例文を参考に，疑問詞を使って友だちとやりとりしましょう。

1. 何？（もの・こと）	**What** can you make?　あなたは何を作ることができますか。 —I can make *ramen*.　私はラーメンを作ることができます。
2. 何時？（時刻）	**What time** is it?　何時ですか。 —It's ten thirty.　10時30分です。
3. だれ？（人）	**Who** is that woman?　あの女の人はだれですか。 —She is an android, Chihira Aiko. 彼女はアンドロイドの地平アイこです。 **Who** likes music?　だれが音楽が好きなのですか。 —Daniel does.　ダニエルが好きです。
4. どれ？（選択）	**Which** notebook is yours? / **Which** is your notebook? あなたのノートはどれですか。／どちらがあなたのノートですか。 —The light blue one is.　その明るい青色のノートです。
5. どこ？（場所）	**Where** are you from?　あなたはどこの出身ですか。 —I'm from New Zealand.　私はニュージーランドの出身です。
6. いつ？（時）	**When** do you climb?　あなたはいつ山に登りますか。 —On weekends.　週末です。
7. だれの？（持ち主）	**Whose** notebook is this? / **Whose** is this notebook? これはだれのノートですか。／このノートはだれのものですか。 —It's Daniel's.　それはダニエルのものです。
8. なぜ？（理由）	**Why** do you like Sue?　あなたはなぜスーが好きなのですか。 —Because she is always kind to me. なぜなら彼女はいつも私に親切にしてくれるからです。
9. どのように？（手段）	**How** can we go there?　私たちはどうやったらそこに行けますか。 —By bus.　バスで行けます。
10. いくつ？（数）	**How many** pens do you have? あなたはペンを何本持っていますか。 —I have five pens.　私はペンを5本持っています。

発音クリニック

● eの発音　［e エ］　Wednesday［ウェンズディ］　let's［レッツ］　February［フェブルエリィ］　tell［テル］ /
　　　　　　［iː イー］　Japanese［ヂャパニーズ］　medium［ミーディアム］

● iの発音　［i イ］　live［リヴ］　fifty［フィフティ］　flip［フリップ］　sing［スィング］　ink［インク］ /
　　　　　　［ai アイ］　like［ライク］　nine［ナイン］　time［タイム］　Friday［フライディ］　kind［カインド］

1 ①

(1) 英文 QR

Daisuke: Hello, everyone. Look at this picture. My favorite person is Kagawa Shinji. I have three reasons. First, he is a good soccer player. I want to play like him. He is my hero. Second, I learn a lot of things from his play. His dribble is a good example for us. Third, he is kind to everyone. He often teaches soccer to children. So I like him very much.

みなさん，こんにちは。この写真を見てください。私の大好きな人は香川真司です。理由は３つあります。第一に，彼はじょうずなサッカー選手です。私は彼のようにプレーしたいです。彼は私のヒーローです。第二に，私は彼のプレーからたくさんのことを学びます。彼のドリブルは私たちへのよいお手本です。第三に，彼はみんなに親切です。彼はしばしば子どもたちにサッカーを教えます。それで私は彼がとても好きです。

解答

・だれを紹介していますか。　　　香川真司

・どんな人物ですか。

・サッカー選手　　・大介のヒーロー　　・ドリブルがよいお手本になる。　　・だれにでも親切だ。

・よく子どもたちにサッカーを教えている。　　など

・大介はどんな思いを抱いていますか。

・彼のようなプレーをしたい。　　・大好きだ。

(2) 対話文 QR

Daisuke's classmate: Thank you for your speech. Your speech is very interesting. I like your smile too. I have a question. When is his birthday?

スピーチをありがとうございます。あなたのスピーチはとてもおもしろいです。私はあなたの笑顔も好きです。質問があります。彼の誕生日はいつですか。

Daisuke: Thank you for your comment. It's March 17.

コメントをありがとうございます。彼の誕生日は３月17日です。

解答

・大介のスピーチに関すること　　・とてもおもしろい。　　・笑顔が好きだ。

・スピーチの人物に関すること　　香川選手の誕生日

単語・語句 QR

□ learn [ラーン] 動 学ぶ，習う

□ lot [ラット] 名 たくさん

□ thing(s) [スィング（ズ）] 名 もの，こと

□ ※dribble [ドゥリブル] 名 ドリブル（→教科書 p.14 動 ドリブルをする）

□ teach(es) [ティーチ（ィズ）] 動 教える

□ speech [スピーチ] 名 演説，スピーチ

□ comment [カメント] 名 意見，コメント

□ *a lot of* ～　　たくさんの～

対話文 **QR**

Liz: Hi! I'm Liz.　こんにちは！　私はリズです。

Doraemon: Hi, Liz.　こんにちは，リズ。

Liz: First, when is your birthday, Doraemon?　まず，あなたの誕生日はいつですか，ドラえもん。

Doraemon: September 3, 2112.　2112年9月3日です。

Liz: You mean the 22nd century?　22世紀ということですよね？

Doraemon: Yes. I'm a robot cat. I have many cat friends.

　　　　　はい。ぼくはネコ型ロボットです。ぼくにはたくさんのネコの友だちがいます。

Liz: Wow!　うわー！

Doraemon: Mii-chan is my good friend. She's so cute.

　　　　　ミイちゃんはぼくのよい友だちです。彼女はとてもかわいいです。

Liz: You speak Japanese, English, and a cat language.

　　　あなたは日本語，英語，ネコの言語を話しますね。

Doraemon: Yes. I ate a special food *Honyaku Konnyaku*. So I can speak English now.

　　　　　はい。ぼくはほんやくコンニャクという特別な食べ物を食べました。それでぼくは今，英語を話せます。

Liz: Great!　すばらしいですね！

1 **(解答)** ① (2)

2 **(解答)** ① 2112年9月3日

　　　　　② ・たくさんのネコの友だちがいる。　　・ミイちゃんはよい友だちで，とてもかわいい。

　　　　　③ ほんやくコンニャクを食べたから。

3 **(解答)**

① September 3, 2112.　2112年9月3日です。

② She's so cute.　彼女はとてもかわいいです。

③ I ate a special food *Honyaku Konnyaku*.　ぼくはほんやくコンニャクという特別な食べ物を食べました。

発音クリニック

I have an apple for a snack.　　I have a question for you.　　What can you make?
　ハヴァナプル　　フォア　　　　　　　ハヴァ　　　　　　　　　　　キャニュー

I want to play the game.　　You take off your shoes here.
　ワントゥー　　　　　　　　　テイカフ

単語・語句 **QR**

□ Liz [リズ] 名 リズ(女子の名)　　　　□ century [センチャリィ] 名 1世紀，100年

□ mean [ミーン] 動 意味する　　　　　□ language [ラングウェッヂ] 名 言語，ことば

(p.103より)

単語・語句 **QR**

□ research [リサーチ] 图 研究
□ over [オウヴァ] 副 越えて
□ near [ニア] 前 ～の近くの[に]
□ those [ゾウズ] 形 あれら[それら]の
□ museum [ミューズィーアム] 图 博物館

□ bridge [ブリッヂ] 图 橋
□ shopping mall [シャピング モール] 图 ショッピングモール, (歩行者専用の)商店街
□ college [カレッヂ] 图 大学
□ *over there* あそこに, 向こうに

Try ① 表現例

(例：Ａ -2) I like summer very much. / Why? / Because I can swim in the sea.
　　　私は夏が大好きです。／なぜですか。／海で泳げるからです。

(p.109より)

単語・語句 **QR**

□ barbecue [バーベキュー] 图 バーベキュー
□ sound(s) [サウンド(サウンヅ)] 動 ～に聞こえる
□ Christmas [クリスマス] 图 クリスマス
□ party [パーティ] 图 パーティー
□ Santa Claus [サンタ クローズ] 图 サンタクロース
□ jet ski [ヂェット スキー] 图 ジェットスキー

□ surfboard [サーフボード] 图 波乗り板, サーフボード
□ someday [サムディ] 副 いつか
□ ※show [ショウ] 動 案内する(→教科書p.42 图 見せ物, 番組, ショー)
□ *Sounds fun.* 楽しそうですね。
□ *show ～ around* ～(人)を案内して回る

Try ② 表現例

There is a computer in my father's room. 私の父の部屋にはコンピュータがあります。

The Year-End Events

Scenes

1 今していることについて言えるようになろう。 **QR**

| Scenes の意味 |

A: 私を手伝ってもらえますか，ベン。
B: すみませんができません。私は今，勉強しているところです。

A: あなたはどうですか，トム。
B: いいですよ。私は今は何もしていません。

「今，勉強しています」「今，何もしていません」 と言うときは…

I ☐ study ☐ every day. 　私は毎日勉強します。

I 'm studying now.
〈be動詞(am)＋動詞の-ing形〉

am（be動詞）とstudying（動詞の-ing形）
を使うよ。am studyとはしないよ。

否定する文　I 'm not doing anything now.

am（be動詞）のうしろにnotを置くよ。

> ### ポイント！
>
> | 形 | 〈主語＋am [are, is]＋動詞の-ing形〜.〉／〈主語＋am [are, is] not＋動詞の-ing形〜.〉 |
> |---|---|
> | 意味 | 「(主語)は(今)〜しています。」　　　／「(主語)は(今)〜していません。」 |

『am, are, isの使い分けに注意！』

You **are** reading a book.　あなたは今，本を読んでいます。
　　主語はYou

> 主語によって使い分けるんだね。

Ben **is** playing the guitar.　ベンは今，ギターをひいています。
　　主語はBen(＝He)

Listen　英語を聞いて，当てはまるものを選びましょう。QR

❶ (　　　)　❷ (　　　)　❸ (　　　)

a.　b.　c.　d.

(解答)
❶ c
❷ d
❸ a

対話文　QR

❶ *Mother:* I need your help, Makoto. Can you help me?
　　私はあなたの手伝いが必要です，誠。私を手伝ってくれませんか。

　Makoto: Sorry, I can't. I'm studying now.　すみません，できません。私は今，勉強をしています。

❷ *Mother:* Can you come to the supermarket with me?
　　私といっしょにスーパーマーケットに行ってくれませんか。

　Kaori: Sorry, I'm cleaning my room now.　すみません，私は今，自分の部屋を掃除しています。

　Mother: Oh, you're busy.　まあ，あなたは忙しいのですね。

❸ *Mother:* Where are you, Hiroshi?　あなたはどこにいるのですか，博。

　Hiroshi: I'm in the bathroom. I'm taking a shower now.
　　私は浴室にいます。私は今，シャワーを浴びています。

Speak & Write

例にならい，グループでそら描きクイズをしましょう。

（例）*A and B:* Please draw a fruit in the air.

　　C: (くだものの絵を何度かそら描きする)

　A and B: (その間，それぞれC-san is drawing a [an] 〜.
　　　と書いてCに見せる)

　　C: A-san is right. I'm drawing <u>an apple</u>.
　　　[No. I'm drawing <u>a peach</u>.]

例文の訳

AとB: 空中にくだものの絵を描いて
　　ください。

AとB: (Cさんは〜を描いています。)

　C: Aさんが正解です。私はリン
　　ゴを描いています。[いいえ。
　　私はモモを描いています。]

(解答例はp.122，単語・語句はp.129，Tryはp.124へ)

2 今していることについて，たずねたり答えたりできるようになろう。
今，何をしているかについて，たずねたり答えたりできるようになろう。 QR

アー　ユー　リーリイ　スタディイング　ベン
Are you really **studying**, Ben**?**

アフ　コース
Of course.

(フ)ワット　アー　ユー　ドゥーイング
What are you **doing?**

アイム　リーディング　アン　インポートント　ブック
I'm reading an important book.

Scenes の意味

A: あなたはほんとうに勉強しているところですか，ベン。
B: もちろんです。

A: あなたは何をしているのですか。
B: 私は大事な本を読んでいるところです。

「あなたは勉強しているところですか。」「あなたは何をしているのですか。」 **とたずねるときは…**

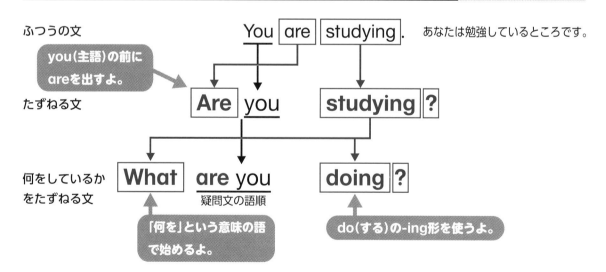

ふつうの文　　You | are | studying . 　　あなたは勉強しているところです。

you(主語)の前に
areを出すよ。

たずねる文　　**Are** | you 　　**studying** |**?**

何をしているか
をたずねる文　　**What** | **are** you | **doing** |**?**
疑問文の語順

「何を」という意味の語
で始めるよ。

do(する)の-ing形を使うよ。

ポイント！

形	〈Are [Is]＋主語＋動詞の-ing形〜?〉 ／ 〈What are [is]＋主語＋doing?〉
意味	「(主語)は(今)〜していますか。」 ／ 「(主語)は(今)何をしていますか。」

〖答えの文！〗

Are you studying now? — Yes, I **am**. / No, I'**m** not.　はい，しています。／いいえ，していません。

> be動詞を使って答えるよ。

What are you doing? — I'**m reading an important book**.

「何を」　　〈am＋動詞の-ing形〉　　「大事な本を読んでいる」

> していることを具体的に答える
> から，Yes / Noは使わないよ。

Listen　サムは友だちを公園に誘っていますが，次々と断られます。英語を聞いて，
サムが電話をかけた順番に，( )に番号を書きましょう。QR

ア ( )　　イ ( )　　ウ ( )

解答
ア　2
イ　1
ウ　3

対話文　QR

Sam: (Prrrr) Hi, Jun.　（電話の呼び出し音）こんにちは，純。

Jun: Hi, Sam.　こんにちは，サム。

Sam: It's sunny today. Let's play tennis together!　今日は晴れています。いっしょにテニスをしましょう！

Jun: Oh, I'm busy now. I'm cooking now.　ああ，私は今忙しいです。私は今料理をしています。

Sam: What are you cooking?　あなたは何を作っているのですか。

Jun: I'm cooking curry and rice.　私はカレーライスを作っています。

*****

Ann: (Prrrr) Ann, speaking.　（電話の呼び出し音）アンですが。

Sam: Hello. This is Sam. Can you come to the park and play tennis?
もしもし。こちらはサムです。公園に来て，テニスをしませんか。

Ann: Now? Sorry, I can't.　今ですか。ごめんなさい，私は行けません。

Sam: What are you doing?　あなたは何をしているのですか。

Ann: I'm practicing the piano.　私はピアノを練習しています。

*****

（続きはp.128，Speak & Writeと単語・語句はp.129へ）

Think

1 エミリーは，父（**Jack**），弟（**Mark**）といっしょに年末の大掃除に挑戦しています。 **QR**

Jack: ❶ Hey, Emily. ❷ Please help me.
ヘイ　エマリィ　　　　　プリーズ　ヘルプ　ミー
ちょっと　エミリー　　手伝ってください　私を

❸ Can you come here?
キャン　ユー　カム　ヒア
あなたは来ることができますか　　ここに

I can'tのあとに，go there「そこに行く」が省略されている。

Emily: ❹ Sorry, I can't, Dad.
サーリィ　　アイ キャント　ダッド
すみません　私はできません　おとうさん

自分が今していることを述べている。

❺ I'm cleaning the bathroom now.
アイム　クリーニング　ザ　バスルーム　ナウ
私は掃除しています　　浴室を　　　　　今

Jack: ❻ OK. ❼ How about you, Mark?
オウケイ　ハウ　アバウチュー　マーク
わかりました　あなたはどうですか　マーク

Mark: ❽ I'm busy. ❾ I'm cleaning the living
アイム　ビズィ　アイム　クリーニング　ザ　リヴィング
私は忙しいです　私は掃除しています　居間を

room.
ルーム

本文の意味

ジャック：❶ちょっと，エミリー。❷手伝ってよ。❸ここに来てくれないか？

エミリー：❹悪いけど，行けないわ，おとうさん。❺今，浴室を掃除しているの。

ジャック：❻わかったよ。❼きみはどう，マーク？

　マーク：❽ぼくは忙しいよ。❾居間を掃除しているんだ。

エミリー：❿ほんとうに？　⓫あなたはテレビを見ているわ。⓬音が聞こえるわよ。

　マーク：⓭いや，テレビは見ていないよ。⓮テレビ一式をふいているんだよ。

ジャック：⓯わかった。⓰じゃあ，テレビを消しなさい。

　マーク：⓱ええ，そんな！

（p.119より）

解答例

C: B-san is right. I'm drawing an orange. [No. I'm drawing a lemon.]

　Bさんが正解です。私はオレンジを描いています。[いいえ。私はレモンを描いています。]

Emily: ⑩ **Are you sure?**
アー　ユー　シュア
あなたは確かですか

⑪ **You're watching TV.**
ユア　　ワッチング　　ティーヴィー
あなたは見ています　　テレビを

> マークが今していること
> を述べている。

⑫ **I can hear the sound.**
アイ キャン　ヒア　ザ　サウンド
私は 聞こえます　　その音が

Mark: ⑬ **No, I'm not watching TV.**
ノウ　アイム　ナット　ワッチング　　ティーヴィー
いいえ　私は見ていません　　　テレビを

> 自分が，今していないこ
> とを述べている。

⑭ **I'm wiping the TV set.**
アイム　ワイピング　ザ　ティーヴィー セット
私はふいています　テレビー式を

> 自分が今していることを
> 述べている。

Jack: ⑮ **All right.**
オール ライト
わかりました

⑯ **Turn off the TV then.**
ターン　オーフ ザ　ティーヴィー ゼン
消しなさい　テレビを　それでは

Mark: ⑰ **Oh, no!**
オウ　ノウ
なんてことでしょう

Q

① Who is in the bathroom now?
だれが今，浴室にいますか。

② Are all of Emily's family busy now?
今，エミリーの家族は全員忙しいですか。

A (解答例)

❶ Emily is.　エミリーがいます。

❷ Yes, they are.　はい，忙しいです。

単語・語句 QR

□ Jack [ﾁｬｯｸ] 名 ジャック(男子の名)

□ Mark [ﾏｰｸ] 名 マーク(男子の名)

□ hey [ﾍｲ] 間 (呼びかけ)おい，ちょっと

□ dad [ﾀﾞｯﾄﾞ] 名 おとうさん，パパ

□ ※sure [ｼｭｱ] 形 確かで(→教科書p.33 副 (*Sure.*で)いいですよ。[はい。])

□ ※sound [ｻｳﾝﾄﾞ] 名 音(→教科書p.83 動 〜に聞こえる)

□ wipe, wiping [ﾜｲﾌﾟ(ﾜｲﾋﾟﾝｸﾞ)] 動 ふく

□ set [ｾｯﾄ] 名 ひとそろい，一式

□ all [ｵｰﾙ] 代 全部，全員，すべて 副 まったく，すっかり

□ *All right.* わかりました。

□ *turn off* 〜 (テレビなどを)消す，止める

123

2 ダニエルの母 (Helen) は，おせち料理作りに挑戦しています。 **QR**

ヘレン　　　　ダニアル
Helen: ❶ Daniel! ❷ Where are you?
　　　　　ダニエル　　　　　どこに　　あなたはいますか

アイ ニード　　　ユア　　　ヘルプ
❸ I need your help.
私は 必要です　　あなたの手伝いが

今しようとしていること
を表している。

アイム　カミング　　　　　　(フ)ワット　アー　　ユー　　ドゥーイング
Daniel: ❹ I'm coming. ❺ What are you doing,
　　　　　今行きます　　　　　何を　　　あなたはしていますか

相手が今，何をしている
のかをたずねている。

マム
Mom?
おかあさん

❺に対して，今している
ことを答えている。

アイム　マッシング　　　スウィート　　パテイトウズ
Helen: ❻ I'm mashing sweet potatoes.
私はつぶしています　　　サツマイモを

❻のサツマイモをつぶし
ていることをさしてい
る。

イッツ　ヴェリィ　ハード
❼ It's very hard.
それはとてもたいへんです

本文の意味

　ヘレン：❶ダニエル！　❷どこにいるの？　❸手伝ってほしいのよ。

ダニエル：❹今行くよ。❺何をしているの，おかあさん？

　ヘレン：❻サツマイモをつぶしているのよ。❼とてもたいへんなの。

ダニエル：❽わかったよ。❾ぼくが代わりにつぶすよ。❿ポテトサラダを作っているの？

　ヘレン：⓫いいえ，違うわ。⓬くりきんとんを作っているのよ。

ダニエル：⓭くりきんとん？　⓮それは何？

　ヘレン：⓯伝統的な日本の正月料理よ。

ダニエル：⓰待ちきれないな！

(p.119より)

① 表現例
Try　(例：Ａ-3) I like music. My favorite singer is Miwa.
　　　　　　私は音楽が好きです。私のお気に入りの歌手はミワです。

124

Daniel: ❽ OK.　❾ I can do it for you.
わかりました　私は　することが　それを　あなたのために
　　　　　　　　できます

❿ Are you making potato salad?
あなたは作っていますか　　　　ポテトサラダを

相手が今していることに
ついてたずねている。

Helen: ⓫ No, I'm not.　⓬ I'm making *kurikinton*.
いいえ　作っていません　　私は作っています　　くりきんとんを

❿に答えている。自分の
ことを答えているので,
Iとamを使っている。

Daniel: ⓭ *Kurikinton*?　⓮ What's that?
くりきんとんですか　　　それは何ですか

⓭のKurikinton「くり
きんとん」をさしている。

Helen: ⓯ It's a traditional Japanese dish
それは伝統的な日本の料理です

for the New Year.
新年のための

Daniel: ⓰ I can't wait.
私は　待つことができません

「待つことができない」→
「待ちきれない」という意
味になる。

Q
① What is Helen making?　ヘレンは何を作っていますか。
② What is *kurikinton*?　くりきんとんとは何ですか。

A　(解答例)　❶ She is making *kurikinton*.　彼女はくりきんとんを作っています。
❷ It's a traditional Japanese dish for the New Year.
それは伝統的な日本の正月料理です。

単語・語句 **QR**

□ Helen ［ヘレン］ 图 ヘレン(女子の名)

□ mom ［マム］ 图 おかあさん, ママ

□ mash(ing) ［マッシュ(マッシング)］ 動 つぶす

□ sweet potato(es) ［スウィート パテイトウ
　(ズ)］ 图 サツマイモ

□ traditional ［トゥラディショヌル］ 形 伝統的
　な

□ New Year ［ニュー イア］ 图 新年

□ wait ［ウェイト］ 動 待つ

(Tryはp.126へ)

Interact

1 ジェスチャーゲームをしよう

例文と訳

A: What am I doing?　私は何をしていますか。

B: Are you eating *sushi*?　あなたはすしを食べていますか。

A: Yes, I am. / No, I'm not.　I'm eating a rice ball.

　　はい，食べています。／いいえ，食べていません。私はおにぎりを食べています。

表現例

・A: What am I doing?　私は何をしていますか。

　B: Are you washing the dishes?　あなたは皿を洗っていますか。

　A: Yes, I am.　はい，洗っています。

・A: What am I doing?　私は何をしていますか。

　B: Are you using a computer?　あなたはコンピュータを使っていますか。

　A: No, I'm not.　I'm playing the piano.　いいえ，使っていません。私はピアノをひいています。

2 スキットを作ろう

例文と訳

A: What are you doing now?　Let's go fishing.　あなたは今何をしていますか。つりに行きましょう。

B: Sorry.　I'm dancing with Otohime.　I can't go with you.

　　ごめんなさい。私は乙姫と踊っています。私はあなたといっしょに行けません。

A: How about tomorrow?　明日はどうですか。

B: Tomorrow is OK with me.　明日は大丈夫です。

単語・語句 **QR**

□ violin [ヴァイアリン] 名 バイオリン

□ magazine [マガズィーン] 名 雑誌

□ crane [クレイン] 名 ツル

□ ※tomorrow [タモーロウ] 名 明日(→教科書 p.33 副 明日(は))

□ ※OK [オウケイ] 形 よろしい，結構な(→教科書p.16 副 元気で，はい)

□ *go fishing*　つりに行く

- -

(p.125より)

Try　② **表現例**

(例：B -3) Which do you like, *ramen* or *udon*?

　　　　　あなたはラーメンとうどんでは，どちらが好きですか。

英語のしくみ

◇現在進行形　　例文と訳

1. 肯定文（ふつうの文）

・My father runs every morning.　私の父は毎朝走ります。

・My father is running now.　私の父は今走っています。

2. 否定文（否定する文）

・They are watching TV now.　彼らは今テレビを見ています。

・They are not watching TV now.　彼らは今テレビを見ていません。

3. 疑問文（たずねる文）と答え方

・She is studying math now.　彼女は今数学を勉強しています。

・Is she studying math now?　彼女は今数学を勉強していますか。

　— Yes, she is. / No, she is not.　はい，勉強しています。／ いいえ，勉強していません。

4. 何をしているかをたずねる文

・What are you doing?　あなたは何をしていますか。

　— I'm watching TV.　私はテレビを見ています。

●現在形と現在進行形の違い

　・She drinks coffee.　彼女はコーヒーを飲みます。

　・She is drinking coffee.　彼女はコーヒーを飲んでいます。

動詞の-ing形の作り方

1. そのまま　go（行く）→ going　　try（やってみる）→ trying

2. 語尾のeをとって　come（来る）→ coming　　make（作る）→ making

3. 語尾の子音字を重ねて　run（走る）→ running　　sit（すわる）→ sitting　　swim（泳ぐ）→ swimming

Challenge!

日本文に合う英文になるように，(　)内に適切な語を入れましょう。

(1)私たちは今昼食を食べています。　　　　We (　　　　) (　　　　) lunch now.

(2)トムは今泳いでいます。　　　　　　　　Tom (　　　　) (　　　　) now.

(3)私は今手紙を書いていません。　　　　　I (　　　　) (　　　　) (　　　　) a letter now.

(4)あなたは今自分の部屋を掃除していますか。　(　　　　) you (　　　　) your room now?

(5)ナンシーは今何をしていますか。　　　　(　　　　) (　　　　) Nancy (　　　　) now?

(Challenge!の解答はp.129)

1　英文と訳

① There is an apple on his cap.　彼のぼうしにはリンゴがあります。

② He is jumping.　彼はジャンプしています。

③ He is wearing a watch.　彼は腕時計を身につけています。

④ He is eating an apple.　彼はリンゴを食べています。

解答

① ○　　② ×　　③ ×　　④ ×

2　対話文　**QR**

Emma: There is a dog on my card.　私のカードにはイヌが1匹います。

　Taku: There is a dog on my card too.　私のカードにもイヌが1匹います。

Emma: The dog is eating a rice ball.　そのイヌはおにぎりを食べています。

　Taku: No, the dog on my card is just sitting. There are two rice balls on the dish.

　　　　いいえ，私のカードのイヌはすわっているだけです。皿にはおにぎりが2つあります。

解答

① 拓　　② エマ

3　例文と訳

There are four flowers in this picture.　この絵には花が4本あります。

（表現例）

・*A:* There are a boy and a girl in this picture.　この絵には男の子が1人と女の子が1人います。

　B: The boy is taking a picture.　男の子は写真をとっています。

・*A:* The boy is drawing a picture.　男の子は絵を描いています。

　B: The girl is taking a picture of the dog.　女の子はイヌの写真をとっています。

(p.121より)

Sam: (Prrrr) Hi, Kumi. How are you?　（電話の呼び出し音）こんにちは，久美。元気ですか。

Kumi: Oh, I'm feeling good.　ええ，気分はいいです。

Sam: Why don't we play tennis in the park?　公園でテニスをしませんか。

Kumi: Sorry, Sam. I can't go. I'm watching a movie now.

　　　　ごめんなさい，サム。私は行けません。私は今映画を見ています。

Sam: What are you watching?　あなたは何を見ているのですか。

Kumi: I'm watching *Lion Queen*.　私は『ライオンクイーン』を見ています。

(p.119より)

単語・語句 'QR

- ☐ year-end [**イア**エンド] 形 年末の
- ☐ event(s) [**イ**ヴェント(**イ**ヴェンツ)] 名 行事, 出来事
- ☐ help [**ヘ**ルプ] 動 助ける, 手伝う 名 助け, 手伝い
- ☐ ※anything [**エ**ニィスィング] 代 (否定文で) 何も (→教科書p.74 代 (疑問文で)何か)
- ☐ need [**ニー**ド] 動 必要とする
- ☐ bathroom [**バ**スルーム] 名 浴室, ふろ場

- ☐ shower [**シャ**ウア] 名 シャワー
- ☐ air [**エ**ア] 名 空中, 空
- ☐ persimmon [**パー**スィマン] 名 カキ
- ☐ mango [**マ**ンゴウ] 名 マンゴー
- ☐ avocado [**ア**ヴァ**カー**ドウ] 名 アボカド
- ☐ chestnut [**チェ**スナット] 名 クリ
- ☐ strawberry [**スト**ゥ**ロー**ベリィ] 名 イチゴ
- ☐ *Can you ~?* ～してもらえますか。
- ☐ *in the air* 空中に

(p.121より)

Speak & Write

巻末資料のアクションカード⑤⑦⑧⑨⑫⑭⑱㉓から1つ選び, ジェスチャークイズをしましょう。クイズのあとは言った文を書きましょう。

(例) A: (ジェスチャーをしながら) What am I doing?
　　B: Are you reading a book?
　　A: Yes, I am. I'm reading a book.
　　　[No, I'm not. I'm listening to music.]

● **例文の訳**

A: 私は何をしているでしょうか。
B: あなたは本を読んでいますか。
A: はい, そうです。私は本を読んでいます。[いいえ, 読んでいません。私は音楽を聞いています。]

解答例

A: What am I doing?　私は何をしているでしょうか。

B: Are you playing baseball?　あなたは野球をしていますか。

A: Yes, I am. I'm playing baseball.　はい, そうです。私は野球をしています。

　[No, I'm not. I'm using a computer.]　いいえ, していません。私はコンピュータを使っています。

単語・語句 'QR

- ☐ course [**コー**ス] 名 (*of course*で)もちろん
- ☐ feel(ing) [**フィー**ル(**フィー**リング)] 動 感じる
- ☐ *Lion Queen* [**ラ**イアン ク**ウィー**ン] 名 ライオンクイーン(架空の映画のタイトル)

- ☐ *of course*　もちろん
- ☐ *Why don't we ~?*　(提案して)～しませんか。

Challenge! 解答 (p.127)

(1) are eating [having]　(2) is swimming　(3) am not writing　(4) Are, cleaning　(5) What is, doing

129

PROGRAM 9

A Trip to Finland

Scenes ● ● ● ● ● ● ● ○ ○

1 過去にしたことについて言えるようになろう。 `QR`

テル　ミー　アバウト　ユア　ウィーケンド
Tell me about your weekend.

アイ ステイド　ホウム　アンド　ワッチト　ティーヴィー
I **stayed** home and **watched** TV.

オウ　ユア　ア　カウチ　パテイトウ
Oh, you're a couch potato.

ノウ アイ ワークト　ア リトゥル アイ クリーンド　マイ
No, I **worked** a little. I **cleaned** my
ルーム　トゥー
room too.

Scenes の意味

A: 私にあなたの週末について教えてください。
B: 私は家にいてテレビを見ていました。

A: まあ，なまけ者ですね。
B: いいえ，私は少しは働きました。私は部屋の掃除もし
ました。

「家にいて，テレビを見た」 と言うときは…

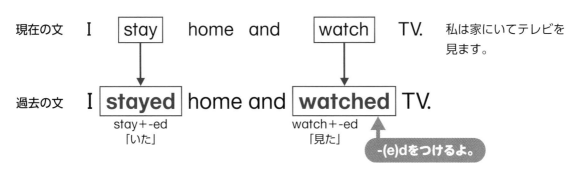

現在の文　I　stay　home　and　watch　TV.　私は家にいてテレビを
見ます。

過去の文　I　**stayed** home and **watched** TV.
stay＋-ed　　　　　watch＋-ed
「いた」　　　　　「見た」

-(e)dをつけるよ。

ポイント！

形 〈動詞＋-(e)d〉　　**意味** 過去を表す。「～した」

〖規則動詞の過去形の作り方！〗

1. 語尾に-edをつける。　look(見る) → looked / play((楽器を)ひく) → played

2. 語尾に-dだけつける。　like((～が)好きである) → liked / live(住む) → lived

3. 語尾のyをiに変えて-edをつける。　study(勉強する) → studied　(参考：stay(滞在する) → stayed)

4. 語尾の子音字を重ねて-edをつける。　stop(止まる) → stopped

Listen 英語を聞いて，アンとサムが週末にしたことをメモしましょう。 **QR**

アン ＿＿＿＿＿＿＿＿＿＿＿＿＿＿＿＿＿＿＿＿＿＿＿＿＿

サム ＿＿＿＿＿＿＿＿＿＿＿＿＿＿＿＿＿＿＿＿＿＿＿＿＿

(解答)

アン　兄[弟]とテニス

サム　公園でイヌの散歩

対話文 QR

Teacher: Please tell me about your weekend, Ann.　私にあなたの週末について教えてください，アン。

Ann: I played tennis with my brother.　He always beats me.　He is very strong.

私は兄[弟]とテニスをしました。彼はいつも私を負かします。彼はとても強いです。

Teacher: How about you, Sam?　あなたはどうですか，サム。

Sam: I walked my dog in the park.　Her name is Momo.　She is very cute.

私は公園で自分のイヌを散歩させました。彼女の名前はモモです。彼女はとてもかわいいです。

Speak & Write 例にならい，自分が週末をどのように過ごしたのかを表現しましょう。

(例) *A:* I watched TV last Sunday.　How about you?

B: I played tennis last Sunday.

例文の訳

A: 私はこの前の日曜日にテレビを見ました。あなたはどうですか。

B: 私はこの前の日曜日にテニスをしました。

(解答例)

A: I cleaned my room last Sunday.　私はこの前の日曜日に自分の部屋を掃除しました。

B: I practiced the guitar last Saturday.　私はこの前の土曜日にギターを練習しました。

単語・語句 QR

□ Finland [**フィンランド**] 名 フィンランド

□ stay(ed) [**ステイ**(ド)] 動 滞在する，泊まる

□ couch potato [**カ**ウチ **パ**テイトウ] 名 すわってばかりいる怠け者，ソファに寝そべってテレビばかり見ている人

□ beat(s) [**ビート**(ビーツ)] 動 打ち負かす

□ last [**ラスト**] 形 (この)前の

Try ① **表現例**

The boy is singing a song.　その少年は歌を歌っています。

2 不規則に変化する動詞を使い，過去にしたことについて言えるようになろう。 **QR**

Scenes の意味

A: 私は昨日，楽しい時を過ごしました。
B: ほんとうですか。

A: 私はアイスクリームを食べて，もう1本当たりました。
B: なんて幸運なんでしょう。

「楽しい時を過ごした」 と言うときは…

現在の文　I ｜have｜ a good time　today.　私は今日は楽しい時を過ごします。

過去の文　I ｜had｜ a good time yesterday.
　　　　　　　　　　　　　　過去の時を表す語句

havedではなく，hadと不規則に変化するよ。

ポイント！

形 ＼ 不規則に変化する動詞の過去形

意味 ＼ 過去を表す。「〜した」

〖不規則動詞の過去形！〗

原形	過去形	原形	過去形
buy（買う）	bought［ボート］	read（読む）	read［レッド］
eat（食べる）	ate［エイト］	see（見る）	saw［ソー］
go（行く）	went［ウェント］	take（（行動を）とる）	took［トゥック］
have（持っている）	had［ハッド］	win（勝つ）	won［ワン］

Listen 英語を聞いて，アンとサムが昨日したことに〇をつけましょう。**QR**

アン

サム

解答

アン　焼きそば　〇，読書　〇

サム　読書　〇，獣医　〇

対話文　**QR**

Ann: I cooked and ate *yakisoba* for lunch yesterday. In the afternoon, I read a book.
　　私は昨日，昼食に焼きそばを作って食べました。午後には，私は本を読みました。

Sam: I see. I read a book too. After that, I took my dog to the vet for a medical checkup.
　　そうですか。私も本を読みました。そのあと，私は自分のイヌを健康診断のために獣医に連れて行きました。

Ann: You had a busy day.　あなたは忙しい日でしたね。

Speak & Write 例にならい，自分が週末をどのように過ごしたのかを表現しましょう。

（例）*A:* I read a book last Sunday.
　　 B: I took pictures last Sunday.

例文の訳

A: 私はこの前の日曜日に本を読みました。

B: 私はこの前の日曜日に写真をとりました。

解答例

・*A:* I saw a movie last Sunday.　私はこの前の日曜日に映画を見ました。

　B: I took a walk last Saturday.　私はこの前の土曜日に散歩をしました。

・*A:* I ate *sushi* last Saturday.　私はこの前の土曜日にすしを食べました。

　B: I read *manga* last Sunday.　私はこの前の日曜日にマンガを読みました。

単語・語句　**QR**

□ had [ハッド, ハド] 動 have（持っている，～がある[いる]）の過去形

□ yesterday [イェスタディ] 副 昨日（は）

□ bar [バー] 名 棒状のもの

□ won [ワン] 動 win（勝つ）の過去形

□ win [ウィン] 動 勝つ，勝ちとる

□ another [アナザァ] 形 もうひとつ[1人]の

□ lucky [ラキィ] 形 幸運な，運のよい

□ read [レッド] 動 read（読む）の過去形

□ took [トゥック] 動 take（とる）の過去形

□ medical [メディカル] 形 医療の，内科の

□ checkup [チェッカップ] 名 検査

3 過去のことをたずねたり答えたりできるようになろう。 🔲QR

> **Scenes の意味**
>
> A: あなたは夕食前にアイスクリームを 2 本食べたのですか。
> B: はい，そうです。
>
> A: あなたは食べ過ぎました。
> B: はい。それで私は昨夜はデザートを食べませんでした。

「〜を食べましたか」	とたずねるときは…

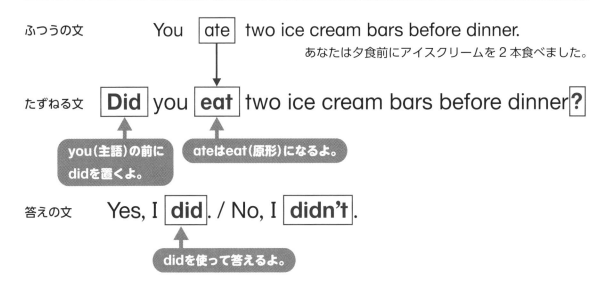

ふつうの文　　　You ｜ate｜ two ice cream bars before dinner.
　　　　　　　　　　あなたは夕食前にアイスクリームを 2 本食べました。

たずねる文　**Did** you ｜eat｜ two ice cream bars before dinner｜?｜

> you（主語）の前に
> didを置くよ。

> ateはeat（原形）になるよ。

答えの文　　Yes, I ｜**did**｜. / No, I ｜**didn't**｜.

> didを使って答えるよ。

> **ポイント！**
>
> | 形 | 〈Did＋主語＋動詞の原形〜?〉 ― 〈Yes, 〜 did.〉／〈No, 〜 didn't.〉 |
> | --- | --- |
> | 意味 | 「(主語)は〜しましたか。」　― 「はい, しました。」／「いいえ, しませんでした。」 |

「～を食べませんでした」 と言うときは…

ふつうの文　I　| ate |　dessert last night.　　私は昨夜はデザートを食べました。

否定する文　I | **didn't eat** | dessert last night.
　　　　　　=did not

eat（動詞）の前にdid notを置くよ。
ateはeat（原形）になるよ。

ポイント!

形	〈主語＋didn't＋動詞の原形～.〉
意味	「(主語)は～しませんでした。」

Listen　健二とメグの対話を聞いて，正しいほうに〇をつけましょう。
また，空所には適切な情報を書きましょう。**QR**

・メグは（　　　　　　　）に行き，（ 有名人 ／ 新人 ）を見た。

・そのチームは，試合に（ 勝った ／ 負けた ）。

・チームのプレーはとても（ よかった ／ よくなかった ）。

解答
・サッカー場，新人

・負けた

・よかった

対話文　QR

Kenji: What did you do last weekend?　あなたはこの前の週末何をしましたか。

Meg: I went to the soccer stadium.　私はサッカー場に行きました。

Kenji: Did you have a good time?　あなたは楽しい時を過ごしましたか。

Meg: Yes, I did. I saw a new player.　はい，過ごしました。私は新しい選手を見ました。

Kenji: Oh, good. Did the team win the game?　ああ，よかったですね。そのチームは試合に勝ちましたか。

Meg: No. They didn't win the game. But they played very well.
　　いいえ。彼らは試合に勝ちませんでした。でも彼らはとてもよくプレーしました。

Speak & Write　例にならい，3日前に何をして過ごしたかを表現しましょう。

(例)　*A:* Did you play tennis three days ago?
　　　B: No, I didn't.
　　　A: What did you do?
　　　B: I watched a soccer game.

例文の訳

A: あなたは3日前にテニスをしましたか。

B: いいえ，しませんでした。

A: あなたは何をしましたか。

B: 私はサッカーの試合を見ました。

（解答例，単語・語句はp.146へ）

135

Think

1 美希の家でダニエルと健がフィンランド旅行の話を聞いています。 `QR`

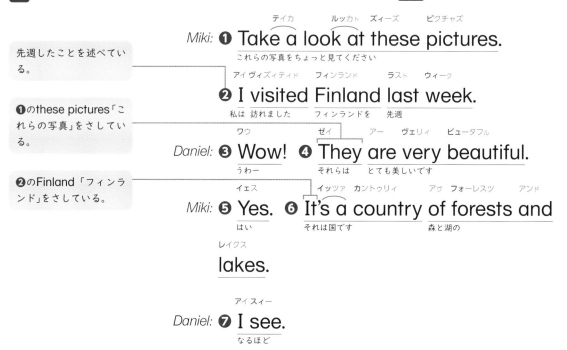

先週したことを述べている。

❶のthese pictures「これらの写真」をさしている。

❷のFinland「フィンランド」をさしている。

Miki: ❶ Take a look at these pictures.
これらの写真をちょっと見てください

❷ I visited Finland last week.
私は 訪れました フィンランドを 先週

Daniel: ❸ Wow! ❹ They are very beautiful.
うわー それらは とても美しいです

Miki: ❺ Yes. ❻ It's a country of forests and lakes.
はい それは国です 森と湖の

Daniel: ❼ I see.
なるほど

本文の意味

　　美希：❶これらの写真をちょっと見て。❷先週フィンランドを訪れたのよ。

ダニエル：❸うわー！　❹とても美しいね。

　　美希：❺ええ。❻フィンランドは森と湖の国なのよ。

ダニエル：❼なるほど。

　　美希：❽私はオーロラを見て，サウナでくつろいだの。

ダニエル：❾フィンランド人がサウナを発明したんだよね。

　　美希：❿そうよ。⓫彼らは家にサウナがあるのよ！

ダニエル：⓬いいね！

　　美希：⓭サウナに入って，それから湖に飛び込む人もいるのよ。

ダニエル：⓮楽しそうだね。

Miki: ❽ I saw the aurora and relaxed
アイ ソー　ズィ　オーローラ　アンド　リラックスト
私は 見ました　オーローラを　　そして　くつろぎました

in a sauna.
イナ ソーナ
サウナの中で

> フィンランドでしたこと
> を述べている。sawの
> 原形はsee。

Daniel: ❾ Finnish people invented saunas,
フィニッシュ　ピープル　インヴェンティド　ソーナズ
フィンランド人が　　　発明しました　サウナを

you know.
ユー　ノウ
ですよね

> フィンランド人がしたこ
> とを述べている。

Miki: ❿ Right. ⓫ They have saunas in their
ライト　　　　ゼイ　ハヴ　ソーナズ　イン ゼア
そうです　　彼らは 持っています サウナを 彼らの家に

homes!
ホウムズ

> They, theirは❾の
> Finnish people「フィ
> ンランド人」をさしてい
> る。

Daniel: ⓬ How nice!
ハウ　ナイス
なんていいのでしょう

Miki: ⓭ Some people take a sauna and then
サム　ピープル　テイカ ソーナ　アンド　ゼン
なかにはサウナに入る人もいます　　それから

jump into a lake.
ヂャンプ　イントゥー ア レイク
湖の中に飛び込む人もいます

Daniel: ⓮ Sounds fun.
サウンヅ　ファン
楽しそうですね

Q ① What did Miki do in Finland?
　　　美希はフィンランドで何をしましたか。

　② How do some Finnish people enjoy saunas?
　　　フィンランド人のなかにはどのようにサウナを楽しむ人がいますか。

A （解答例） ❶ She saw the aurora and relaxed in a sauna.
　　　　　　彼女はオーローラを見て，サウナでくつろぎました。

　　　　　❷ They take a sauna and then jump into a lake.
　　　　　　サウナに入って，それから湖の中に飛び込む人がいます。

（単語・語句はp.146へ）

2 美希たちはフィンランドの有名なものについて，話を続けます。**QR**

Miki: ❶ Finland is famous for Moomin and
フィンランドは　ムーミンとサンタクロースで有名です

Santa Claus too.
もまた

Daniel: ❷ What food is famous?
どんな食べ物が　有名ですか

Miki: ❸ Well, do you know *salmiakki*?
ええと　あなたは知っていますか　サルミアッキを

❸の*salmiakki*「サルミアッキ」をさしている。

Daniel: ❹ No, I don't.　❺ What's that?
いいえ　知りません　　それは何ですか

本文の意味

美希：❶フィンランドはムーミンとサンタクロースでも有名なのよ。

ダニエル：❷どんな食べ物が有名なの？

美希：❸ええと，サルミアッキって知っている？

ダニエル：❹ううん，知らないよ。❺それは何？

美希：❻苦くて塩からいあめよ。❼多くのフィンランド人はそれが好きなの。❽私は旅行中に1度だけ食べたわ。

健：❾それはおいしいの？

美希：❿それは秘密よ。⓫あなたに1つ買ってきたわ。

健：⓬ありがとう。

美希：⓭これがサルミアッキよ。⓮スーパーマーケットで見つけたの。

Miki: ❻ It's a bitter and salty candy.
イッツァ ビタァ アンド ソールティ キャンディ
それは苦くて塩からいあめです

> ❸の *salmiakki*「サルミアッキ」をさしている。

❼ Many Finnish people like it.
メニィ フィニッシュ ピープル ライク イット
多くのフィンランド人は　　　好きです それを

❽ I ate it only once during the trip.
アイ エイト イット オウンリィ ワンス デュリング ザ トゥリップ
私は 食べま それを１度だけ 旅行中に
した

> フィンランドでしたことを述べている。ateの原形はeat。

Ken: ❾ Is it tasty?
イズ イット テイスティ
それはおいしいですか

Miki: ❿ It's a secret. ⓫ I bought one for you.
イッツァ スィークレット アイ ボート ワン フォー ユー
それは秘密です 私は 買いました １つ あなたに

> フィンランドでしたことを述べている。boughtの原形はbuy。

Ken: ⓬ Thanks.
サンクス
ありがとう

Miki: ⓭ This is *salmiakki*.
ズィスイズ サルミアキ
これが サルミアッキです

⓮ I found it at a supermarket.
アイ ファウンド イット アッタ スーパマーケット
私は 見つけました それをスーパーマーケットで

> フィンランドでしたことを述べている。foundの原形はfind。

---

① What is Finland famous for?
フィンランドは何で有名ですか。

② What is *salmiakki*?
サルミアッキとは何ですか。

  ❶ It's famous for Moomin, Santa Claus, and *salmiakki*.
それはムーミン，サンタクロース，そしてサルミアッキで有名です。

❷ It's a bitter and salty candy.
それは苦くて塩からいあめです。

(単語・語句，Tryはp.147へ)

3 美希は，フィンランドの様子を話します。 **QR**

過去のことをたずねている。

Daniel: ❶ Did you have any other experiences?
ディヂュー　ハヴ　エニィ　アザァ　イクスピアリアンスィズ
あなたはしましたか　何かほかの経験を

フィンランドで経験したことを述べている。

Miki: ❷ Yes. ❸ I saw a reindeer on the road.
イェス　アイソー　ア　レインディア　アン　ザ　ロウド
はい　私は 見ました トナカイを　道路で

Daniel: ❹ On the road? ❺ Amazing!
アン　ザ　ロウド　アメイズィング
道路でですか　すばらしいですね

フィンランドで経験したことを述べている。

Miki: ❻ And I enjoyed the long nights.
アンド　アイ インヂョイド　ザ　ローング　ナイツ
そして 私は 楽しみました　長い夜を

Daniel: ❼ What do you mean?
(フ)ワット　ドゥー　ユー　ミーン
何を　あなたは意味していますか

過去のことを否定している文。

Miki: ❽ The sun didn't rise until 11 a.m.
ザ　サン　ディドント　ライズ　アンティル イレヴァン エイエム
太陽は　昇りませんでした　午前11時まで

本文の意味

ダニエル：❶何かほかにも経験した？

美希：❷ええ。❸道路でトナカイを見たわ。

ダニエル：❹道路で？　❺すばらしいね！

美希：❻そして長い夜を楽しんだわ。

ダニエル：❼どういう意味？

美希：❽太陽が午前11時まで昇らなかったのよ。

ダニエル：❾じゃあ，何時に太陽は沈んだの？

美希：❿午後2時ごろよ。

ダニエル：⓫ぼくはそれを知らなかったよ。

美希：⓬6月は太陽が沈まないのよ。

ダニエル：⓭すばらしいね！　⓮一日じゅう外で遊べるね。

Daniel: ❾ **What time did the sun set then?**
（フ）ワッタイム　ディド　ザ　サン　セット　ゼン
何時に　　　　　　　太陽は沈みましたか　　　　それでは

> What timeのあとに, 過去の疑問文の形did the sun set が続いている。

Miki: ❿ **About 2 p.m.**
アバウト　トゥー ピーエム
午後2時ごろです

Daniel: ⓫ **I didn't know that.**
アイ ディドント　ノウ　ザット
私は 知りませんでした　　　それを

> 過去のことを否定している文。
> thatは太陽が午前11時まで昇らず, 午後2時ごろに沈んだことをさしている。

Miki: ⓬ **In June, the sun doesn't go down.**
イン チューン　ザ　サン　ダズント　ゴウ　ダウン
6月には　　　太陽は　　　沈みません

Daniel: ⓭ **Great!** ⓮ **I can play outside all day.**
グレイト　　　アイ キャン　プレイ　アウトサイド　オール ディ
すばらしいですね　私は 遊ぶことができます　外で　　　一日じゅう

Ⓠ
① Did the sun rise at 10 a.m. during Miki's stay?
美希の滞在中, 太陽は午前10時に昇りましたか。

② Did Miki visit Finland in June?
美希は6月にフィンランドを訪れましたか。

Ⓐ （解答例）❶ No, it didn't.
いいえ, 昇りませんでした。

❷ No, she didn't. (Miki enjoyed the long nights there. In June, the sun doesn't go down there.)
いいえ, 訪れませんでした。(美希はそこで長い夜を楽しみました。6月には, そこでは太陽は沈みません。)

単語・語句 QR

□ experience(s) [イクス**ピ**アリアンス（ィズ）]
　名 体験, 経験

□ reindeer [**レ**インディア] 名 トナカイ

□ road [**ロ**ウド] 名 道路, 道

□ rise [**ラ**イズ] 動 (太陽などが)昇る

□ until [アン**ティ**ル] 前 ～まで

□ a.m. [**エイエ**ム] 副 (ラテン語の略で)午前

□ ※set [**セ**ット] 動 (太陽などが)沈む(→教科書
　p.98 名 ひとそろい, 一式)

□ p.m. [**ピーエ**ム] 副 (ラテン語の略で)午後

□ *all day* 一日じゅう

(Tryはp.147へ)

Retell

● ● ● ● ● ● ● ● ● ● ● ●

❸

● 例文の訳 ●

例1：I <u>visited</u> Finland with my family.　私はフィンランドを家族と訪れました。

> □ visited　　□ saw　　□ relaxed　　□ invented

表現例

・I <u>saw</u> the aurora and <u>relaxed</u> in a sauna in Finland.

　私はフィンランドでオーロラを見てサウナでくつろぎました。

・Finnish people <u>invented</u> saunas.

　フィンランド人がサウナを発明しました。

● 例文の訳 ●

例2：I <u>ate</u> *salmiakki*.　私はサルミアッキを食べました。

> □ ate　　□ found

表現例

・I <u>found</u> *salmiakki* at a supermarket.

　私はサルミアッキをスーパーマーケットで見つけました。

● 例文の訳 ●

例3：I <u>saw</u> a reindeer on the road.　私は道路でトナカイを見ました。

> □ saw　　□ rise　　□ set

表現例

・The sun didn't <u>rise</u> until 11 a.m.

　太陽は午前11時まで昇りませんでした。

・In June, the sun doesn't <u>set</u>.

　6月には，太陽は沈みません。

Interact

1　過去にしたことを表現しよう

例文と訳

A: I studied English yesterday [last weekend].　私は昨日［先週末］，英語を勉強しました。

B: That's good.　I didn't study English yesterday [last weekend].　I cooked curry and rice.

　それはいいですね。私は昨日［先週末］，英語を勉強しませんでした。私はカレーライスを作りました。

A: That's great.　それはすばらしいですね。

表現例

・*A:* I played games yesterday.　私は昨日ゲームをしました。

　B: Oh, did you?　I didn't play a game yesterday.　I read a book.

　　おお，そうでしたか。私は昨日ゲームをしませんでした。私は本を読みました。

　A: That's good.　それはいいですね。

・*A:* I stayed home last weekend.　私は先週末，家にいました。

　B: Really?　I didn't stay home last weekend.　I saw a movie.

　　ほんとうですか。私は先週末，家にいませんでした。私は映画を見ました。

　A: That's great.　それはすばらしいですね。

2　過去にしたことをたずね合おう

例文と訳

A: Did you clean your room yesterday?　あなたは昨日，自分の部屋を掃除しましたか。

B: Yes, I did.　I cleaned my room yesterday.　はい，しました。私は昨日，自分の部屋を掃除しました。

A: Did you read a book yesterday?　あなたは昨日，本を読みましたか。

B: No, I didn't.　I didn't read a book yesterday.

　いいえ，読みませんでした。私は昨日，本を読みませんでした。

単語・語句 **QR**

□ *do my homework*　宿題をする

英語のしくみ

◇一般動詞の過去形　　●　例文と訳　●

1. 肯定文（ふつうの文）

・I play tennis on Mondays.　私は月曜日にテニスをします。

・I played tennis last Monday.　私はこの前の月曜日にテニスをしました。

・Yoko gets up at seven every day.　洋子は毎日 7 時に起きます。

・Yoko got up at six yesterday.　洋子は昨日 6 時に起きました。

2. 疑問文（たずねる文）と答え方

・You cooked lunch yesterday.　あなたは昨日，昼食を作りました。

・Did you cook lunch yesterday?　あなたは昨日，昼食を作りましたか。

　— Yes, I did. / No, I did not [didn't].　はい，作りました。／いいえ，作りませんでした。

3. 否定文（否定する文）

・We had *sushi* last night.　私たちは昨夜すしを食べました。

・We didn't have *sushi* last night.　私たちは昨夜すしを食べませんでした。

(**Challenge!**)

次の文の（　）内の適切な語を○で囲みましょう。

(1) I love music. I (play / played) the piano every day now.

(2) We (listen / listened) to music last night.

(3) (Do / Did) you go to the supermarket a week ago?

(4) (Do / Did) you study math yesterday?

(5) My brother (don't / didn't) read a book last weekend.

(Challenge!の解答はp.147)

144

Steps 6　文の内容を整理し，表現しよう

1 ①

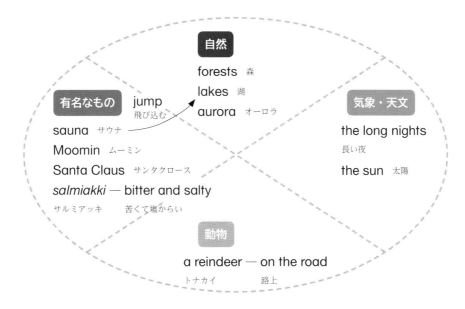

自然
forests　森
lakes　湖
aurora　オーロラ

有名なもの　jump　飛び込む
sauna　サウナ
Moomin　ムーミン
Santa Claus　サンタクロース
salmiakki — bitter and salty
サルミアッキ　苦くて塩からい

気象・天文
the long nights
長い夜
the sun　太陽

動物
a reindeer — on the road
トナカイ　路上

② **例文と訳**

Salmiakki is a bitter and salty candy.　サルミアッキは苦くて塩からいあめです。

表現例

・Finland is famous for Moomin and Santa Claus.

　フィンランドはムーミンやサンタクロースで有名です。

・We can see a reindeer on the road.　私たちは道路でトナカイを見ることができます。

2 ① **解答**

エミリーの家

Emily	clean the bathroom
Mark	clean the living room wipe the TV set

ダニエルの家

Helen	mash sweet potatoes make *kurikinton*
Daniel	help Helen [his mother]

(p.135より)

解答例

・*A:* Did you <u>go anywhere</u> three days ago?　あなたは3日前に<u>どこかに</u>行きましたか。

　B: <u>No, I didn't.</u>　いいえ，行きませんでした。

・*A:* What did you do?　あなたは何をしましたか。

　B: I <u>read a book.</u>　私は<u>本</u>を読みました。

単語・語句 **QR**

□ did［ディド］助動 doの過去形

□ ※too［トゥー］副 あまりに，〜すぎる（→教科書p.14 副 〜もまた）

□ didn't［ディドント］＝did not

□ dessert［ディ**ザ**ート］名 デザート

□ stadium［ステイディアム］名 球場，競技場

□ ago［ア**ゴ**ウ］副（今から）〜前に

□ anywhere［**エ**ニィ(フ)ウェア］副（疑問文で）どこかに

□ *last night*　昨夜

(p.137より)

単語・語句 **QR**

□ aurora［オー**ロ**ーラ］名 オーロラ

□ relax(ed)［リ**ラ**ックス(ト)］動 くつろぐ

□ sauna(s)［**ソ**ーナ(ズ)］名 サウナ

□ Finnish［**フィ**ニッシュ］形 フィンランド(人)の

□ people［**ピ**ープル］名 人々

□ invent(ed)［イン**ヴェ**ント(イン**ヴェ**ンティド)］動 発明する

□ *take a look at 〜*　〜を(ちょっと)見る

□ *last week*　先週

(p.139より)

単語・語句 **'QR**

□ Moomin [**ムーミン**] 名 ムーミン(童話の主人公の名)

□ *salmiakki* [**サルミアキ**] 名 サルミアッキ（フィンランドなどで食べられている菓子の名）

□ bitter [**ビ** 𝑡ァ] 形 苦い

□ candy [**キャ**ンディ] 名 あめ

□ only [**オ**ウンリイ] 副 たった～だけ，ほんの～

□ once [**ワ**ンス] 副 一度，一回

□ tasty [**テ**イスティ] 形 おいしい

□ bought [**ボ**ート] 動 buy(買う)の過去形

□ found [**ファ**ウンド] 動 find(見つける)の過去形

□ *be famous for* ～ ～で有名である

 ② 表現例

Try I liked badminton in elementary school. I often played soccer with my friends.

私は小学校でバドミントンが好きでした。私はよく友だちとサッカーをしました。

(p.141より)

 ③ 表現例

Try I went to the department store last Sunday. I bought a bag.

私はこの前の日曜日にデパートに行きました。私はかばんを買いました。

Challenge! **解答** (p.144)

(1) play (2) listened (3) Did (4) Did (5) didn't

英文の訳

(1)私は音楽が大好きです。現在，私は毎日ピアノをひきます。

(2)私たちは昨夜音楽を聞きました。

(3)あなたは1週間前にそのスーパーマーケットに行きましたか。

(4)あなたは昨日数学を勉強しましたか。

(5)私の兄[弟]は先週末本を読みませんでした。

PROGRAM 10 Grandma Baba's Warming Ideas!

Scenes

1 過去の状態などについて言えるようになろう。 QR

ルック　アイ　ワザ　ステューードント
Look. I **was** a student
サーティイアズ　アゴウ
30 years ago.

オウ　マイ　ユー　ワー　ヴェリィ　キュート
Oh, my. You **were** very cute.

ユー　ワー
You "were"?

サリィ　ユー　アー　スティル　キュート
Sorry. You are still cute.

Scenes の意味

A: ほら。私は30年前，生徒でした。
B: おやまあ。あなたはとてもかわいかったのですね。

A: 「かった」ですって。
B: ごめんなさい。あなたは今もかわいいです。

「私は〜でした。」「あなたは〜でした。」 と過去の状態を言うときは…

現在の文　I　am　a student.　　私は生徒です。

過去の文　I　**was**　a student 30 years ago.

amの過去形wasを使うよ。

現在の文　You　are　very cute.　　あなたはとてもかわいいです。

過去の文　You　**were**　very cute.

areの過去形wereを使うよ。

ポイント！

形　〈was [were] (be動詞の過去形) 〜〉　　意味　「〜だった」「(〜が)あった[いた]」

【be動詞の使い分け！】

主語	現在形	過去形
I	am	was
she / he / it	is	was
you / we / they	are	were

Listen サムと久美の対話を聞いて，それぞれの昨日の様子について合うものに○を書きましょう。 QR

name	fine	sleepy	tired
サム			
久美			

解答
サム tired
久美 sleepy

対話文 QR

Kumi: Hi, Sam. How are you?　こんにちは，サム。元気ですか。

Sam: Ah, I'm fine today, but I was tired yesterday.　ああ，今日は元気ですが，昨日は疲れていました。

Kumi: Why?　どうしてですか。

Sam: Because I had a lot of homework. Did you finish yours, Kumi?

私は宿題がたくさんあったからです。あなたは宿題を終えましたか，久美。

Kumi: Yes, of course. I finished it two days ago. So I was sleepy yesterday.

はい，もちろんです。私は2日前にそれを終えました。だから私は昨日は眠たかったです。

Speak & Write 例にならい，これまで学んできた教科書のPROGRAMでどれが好きだったかを表現しましょう。

（例）*A:* Program 6 was moving.
　　B: I see. Program 7 and 9 were interesting.

例文の訳
A: プログラム6は感動的でした。
B: なるほど。プログラム7と9はおもしろかったです。

解答例

A: Program 8 was funny.　プログラム8はおかしかったです。

B: I see. Program 4 and 5 were awesome.

なるほど。プログラム4と5はすごかったです。

（単語・語句，Try はp.155へ）

2 過去の状態などについて，たずねたり否定したりできるようになろう。 **QR**

Scenes の意味

A: ただいま。	A: いいえ。今日はそれほど忙しくありませんでした。
B: 一日どうでしたか。忙しかったですか。	B: よかったですね。夕食にしましょう。

「あなたは～でしたか。」「どうでしたか」 と過去の状態についてたずねるときは…

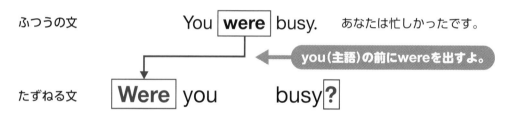

ポイント！

形	〈Were [Was]＋主語～?〉	**意味**	「(主語)は～でしたか。」

「私は～ではありませんでした。」 と過去の状態を否定するときは…

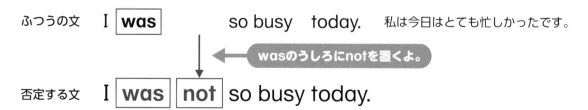

ポイント！

形	〈主語＋was [were] not 〜.〉
意味	「(主語)は〜ではありませんでした。」

【答えの文！】

Were you busy?

— Yes, I **was**. / No, I **wasn't**.　はい，忙しかったです。／いいえ，忙しくありませんでした。

=was not

be動詞の過去形を使って答えるよ。

Listen アンと純は昨日どこにいたでしょうか。対話を聞いてメモしましょう。**QR**

name	どこに
アン	
純	

解答

アン　ショッピングモール

純　　図書館

対話文　**QR**

Ann: Were you in the shopping mall yesterday? I saw you there.

　　　あなたは昨日ショッピングモールにいましたか。私はあなたをそこで見ました。

Jun: Sorry, but I wasn't there.　すみませんが，私はそこにいませんでした。

Ann: Really? Where were you?　ほんとうですか。あなたはどこにいたのですか。

Jun: I was in the library. I did my homework with my friends.

　　　私は図書館にいました。私は友だちと宿題をしました。

Speak & Write 例にならい，先週末どこにいたかを表現しましょう。

(例) *A:* I was at school last weekend. I practiced tennis.
　　　Where were you then?
　　B: I was in Tokyo. I visited Asakusa with my family.

例文の訳

A: 私は先週末は学校にいました。私はテニスを練習しました。あなたはそのときどこにいましたか。

B: 私は東京にいました。私は家族と浅草を訪れました。

解答例

A: I was at a supermarket last weekend. I bought some food. Where were you then?

　　私は先週末はスーパーマーケットにいました。私は食べ物を買いました。あなたはそのときどこにいましたか。

B: I was in Osaka. I ate *okonomiyaki* with my family.

　　私は大阪にいました。私は家族とお好み焼きを食べました。

(単語・語句はp.156へ)

3 過去のあるときにしていたことを言えるようになろう。 **QR**

> (フ)ワット ワー ユー ドゥーイング
> What **were** you **doing**,
> ベン
> Ben**?**
>
> アィ ワズ スタディイング アフ コース
> I **was studying**, of course.

> リーリィ
> Really?
>
> サリィ アィ ワズ スリーピング
> Sorry. I was sleeping.

Scenes の意味

A: 何をしていたのですか, ベン。
B: 勉強していましたよ, もちろん。

A: ほんとうですか。
B: ごめんなさい。私は眠っていました。

「〜していた」 と言うときは…

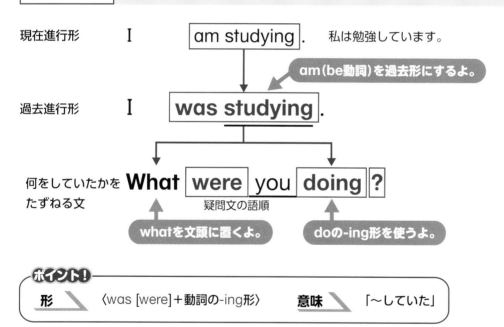

現在進行形　　I　　am studying .　　私は勉強しています。

am(be動詞)を過去形にするよ。

過去進行形　　I　　was studying .

何をしていたかを　**What** were you doing ?
たずねる文　　　　　　　疑問文の語順

whatを文頭に置くよ。　　doの-ing形を使うよ。

ポイント!

| **形** | 〈was [were]＋動詞の-ing形〉 | **意味** | 「〜していた」 |

『動詞の形に注意!』

She **was** reading a book.　彼女は本を読んでいました。

They **were** playing tennis.　彼らはテニスをしていました。

was, wereは主語によって使い分けるよ。

【たずねる文・否定する文の形！】

主語の前にwereやwasを出すよ。

たずねる文　**Were** <u>you</u> studying?

否定する文　I **was not** studying.

wasやwereのうしろにnotを置くよ。

Listen　純とアンの対話を聞いて，それぞれが昨日の夜7時にしていたことについてメモしましょう。

name	at seven o'clock
純	
アン	

解答

純　　テレビゲームをしていた。

アン　テレビを見ていた。

対話文　QR

Ann: I called you at five thirty yesterday.　私は昨日5時30分にあなたに電話をかけました。

Jun: Sorry, I didn't know that.　すみません，私はそれを知りませんでした。

Ann: What were you doing then?　あなたはそのとき何をしていたのですか。

Jun: Well, I was reading a comic book.　ええと，私はマンガを読んでいました。

Ann: I see. What were you doing at seven o'clock?　なるほど。あなたは7時に何をしていたのですか。

Jun: I was playing a video game. How about you?

　　　私はテレビゲームをしていました。あなたはどうですか。

Ann: I was watching TV. Meg was on a TV program. I was surprised.

　　　私はテレビを見ていました。メグがテレビ番組に出ていました。私は驚きました。

Speak & Write　例にならい，昨日の夜9時にしていたことについて表現しましょう。

(例)　A: What were you doing at nine last night?

　　　B: I was talking with my sister.

例文の訳

A: あなたは昨夜9時に何をしていましたか。

B: 私は姉[妹]と話していました。

解答例

・A: What were you doing at nine last night?　あなたは昨夜9時に何をしていましたか。

　B: I was <u>reading a textbook</u>.　私は<u>教科書を読んで</u>いました。

・A: What were you doing at nine last night?　あなたは昨夜9時に何をしていましたか。

　B: I was <u>surfing the internet</u>.　私は<u>インターネットサイトをあちこち見て回って</u>いました。

（単語・語句はp.159へ）

153

Think

1 ある寒い雪の日のこと，ばばばあちゃんは家の中で編み物をして過ごしていました。すると…。 `QR`

wasはisの過去形。過去の状態を表している。

❶ *It was a snowy winter day.*
イット ワザ スノウイ ウィンタァ ディ
雪の降る冬の日でした

❷ *Grandma Baba was at home.*
グラン(ド)マー ババ ワズ アット ホウム
ばばばあちゃんは 家にいました

were は are の過去形。過去の状態を表している。

❸ *All her friends were outside.*
オール ハー フレンヅ ワー アウトサイド
彼女のすべての友だちは 外にいました

❹ *Then a cat and a dog came into her*
ゼン ア キャット アンド ア ドーグ ケイム イントゥー ハー
そのとき ネコとイヌが 来ました 彼女の家の中に

house.
ハウス

❹のa cat and a dog「ネコとイヌ」に呼びかけている。

Grandma Baba: **❺** What's the matter, my young
(フ)ワッツ ザ マタァ マイ ヤング
どうしたのですか 私の若い友だち

friends?
フレンヅ

本文の意味

❶雪の降る冬の日でした。

❷ばばばあちゃんは家にいました。

❸彼女の友だちはみんな外にいました。

❹そのとき，ネコとイヌが彼女の家に入ってきました。

ばばばあちゃん：❺どうしたの，私の若い仲間たち？

ネコとイヌ：❻凍えちゃう！

❼次に，キツネやほかのたくさんの動物たちが入ってきました。

キツネ：❽ぼくたちはほんとうに，ほんとうに寒いんだ！

ばばばあちゃん：❾お若いかたがた，私といっしょに来てごらん。

Cat and Dog: ❻ We're freezing!
ウィア　　　フリーズィング
私たちは凍えています

今していることを述べている。

❼ *Next, a fox and many other animals*
ネクスト　ア ファックス アンド　メニィ　アザァ　アナマルズ
次に　　　キツネと多くのほかの動物たちが

came in.
ケイム　イン
入ってきました

Fox: ❽ We're really, really cold!
ウィア　　リーリィ　　リーリィ　コウルド
私たちはほんとうに，ほんとうに寒いです

Grandma Baba: ❾ Young ones, come with me.
ヤング　ワンズ　　カム　ウィズ　ミー
若者たち　　　　　来てください 私といっしょに

家の中に入ってきた動物たちに呼びかけている。

単語・語句 **QR**

□ came [ケイム] 動 come(来る)の過去形

□ matter [マタァ] 名 困ったこと

□ young [ヤング] 形 若い

□ we're [ウィア]＝we are

□ freeze, freezing [フリーズ(ィング)] 動 凍る

□ ※next [ネクスト] 副 次に(→教科書p.76 形 隣の)

□ *What's the matter?*　どうしたのですか。

(p.149より)

単語・語句 **QR**

□ grandma [グラン(ド)マー] 名 おばあさん

□ warming [ウォーミング] 形 温かい

□ idea(s) [アイディア(ズ)] 名 考え，アイディア

□ were [ワー，ワァ] 動 areの過去形

□ still [スティル] 副 まだ，今でも

□ sleepy [スリーピィ] 形 眠い

□ finish(ed) [フィニッシュ(ト)] 動 終える

□ program [プロウグラム] 名 プログラム，番組

□ moving [ムーヴィング] 形 感動させる

□ awesome [オーサム] 形 すごい

Try ① 表現例

What did you do last weekend?　あなたは先週末何をしましたか。

ゼイ　　オール　ウェント　イントゥー ハー　　ベッドルーム
❶ *They all went into her bedroom.*
彼らは　　みんな 行きました　彼女の寝室の中へ

エヴリワン　　　　　チャンプ　ウィズ　ミー
Grandma Baba: ❷ Everyone, jump with me.
みんな　　　　　　とびはねて　私といっしょに
ください

過去のことについてたず
ねている。

ディヂュー　　セイ　　　チャンプ
Dog: ❸ Did you say "jump"?
あなたは言いましたか　「とびはねる」と

イェス　　　　チャンプ　　アン　ザ　　ベッド
Grandma Baba: ❹ Yes. ❺ Jump on the bed.
はい　　　　とびはねて　ベッドの上で
ください

本文の意味

❶彼らはみんなばばばあちゃんの寝室に入っていきました。

ばばばあちゃん：❷みんな，私といっしょにとびはねるのよ。

イヌ：❸「とびはねる」って言った？

ばばばあちゃん：❹ええ。❺ベッドの上でとびはねて。

イヌ：❻そんなことをしてだいじょうぶ？

ばばばあちゃん：❼もちろんよ！　❽ベッドのトランポリンよ。

❾動物たちはみんな彼女に従って，いっしょにとびはねました。

(p.151より)

単語・語句 'QR

□ wasn't [ワズント] =was not

□ ※then [ゼン] 圖 そのとき，そのころ(→教科
書p.40 圖 それでは，それなら　p.56 圖 それか
ら，そのうえ)

□ theater [スィーアタァ] 名 劇場，映画館

□ *I'm home.* ただいま。

Dog: ❻ Is it OK?
イズ　イット オウケイ
（そんなことをして）だいじょうぶですか

Grandma Baba: ❼ Sure! ❽ It's a bed trampoline.
シュア　　　　　　　　イッツァ　ベッド　　トゥランパリーン
もちろんです　　それはベッドのトランポリンです

> ❺のベッドの上でとびはねることをさしている。

❾ *All the animals followed her and jumped*
オール　ズィ　アナマルズ　　ファロウド　　ハー　アンド　チャンプト
すべての動物たちは　　従いました　彼女に　そして　とびはねました

together.
タゲザァ
いっしょに

① 外から家に入ってきたネコとイヌは何と言っていましたか。
② 動物たちはベッドの上で何をしましたか。

 （解答例）❶ 凍えちゃう！［すごく寒いよ！］
❷ ジャンプした。

単語・語句 QR

□ bedroom［ベッドルーム］名 寝室
□ say［セイ］動 言う
□ trampoline［トゥランパリーン］名 トランポ
　リン

□ follow(ed)［ファロウ(ド)］動 従う

 ② （表現例）
Try
（例：Ａ -8）I want to go to France.　私はフランスに行ってみたいです。

2 ばばばあちゃんが，あるアイディアを思いつきました。それは何だったのでしょうか…。 **QR**

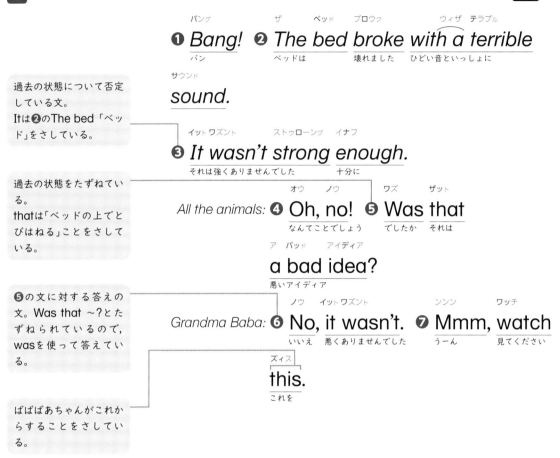

過去の状態について否定している文。
Itは❷のThe bed「ベッド」をさしている。

過去の状態をたずねている。
thatは「ベッドの上でとびはねる」ことをさしている。

❺の文に対する答えの文。Was that ～?とたずねられているので，wasを使って答えている。

ばばばあちゃんがこれからすることをさしている。

❶ *Bang!* ❷ *The bed broke with a terrible sound.*

❸ *It wasn't strong enough.*

All the animals: ❹ Oh, no! ❺ Was that a bad idea?

Grandma Baba: ❻ No, it wasn't. ❼ Mmm, watch this.

本文の意味

❶バン！　❷ベッドはひどい音を立てて壊れました。❸それは十分に強くなかったのです。

　動物たち全員：❹なんてことだ！　❺それはまずい考えだったのかな？

ばばばあちゃん：❻いいえ，違うわ。❼うーん，これを見ていてごらん。

❽彼女はベッドから脚を切り離しました。

ばばばあちゃん：❾ほら，ほら！　❿さあ，ベッドを見てごらん！

　動物たち全員：⓫うわー，そりだ！

シー　カット　ザ　レッグズ　オーフ　ザ　ベッド
❽ *She cut the legs off the bed.*
彼女は　　ベッドから脚を切り離しました

ウェル　ウェル　　　　　　　ルッカト　ザ　ベッド
Grandma Baba: **❾ Well, well!** **❿ Look at the bed**
ほら　　　ほら　　　　　　　ベッドを見てください

ナウ
now!
さあ

ワウ　　　イッツァ スレイ
All the animals: **⓫ Wow, it's a sleigh!**
うわー　　　それはそりです

> ❿のthe bed「ベッド」
> をさしている。

単語・語句 QR

- □ bang［**バング**］名 バン［ドン］という音
- □ broke［**ブロウク**］動 break(壊れる)の過去形
- □ ※break［**ブレイク**］動 壊れる(→教科書p.33 名 休憩)
- □ terrible［**テラブル**］形 恐ろしい，ひどい
- □ enough［**イナフ**］副 十分に
- □ bad［**バッド**］形 悪い
- □ mmm［**ンンン**］間 (考え込んで)うーん
- □ cut［**カット**］動 切る《過去形も同形》
- □ leg(s)［**レッグ(ズ)**］名 脚
- □ sleigh［**スレイ**］名 そり

(p.153より)

単語・語句 QR

- □ sleep(ing)［**スリープ(スリーピング)**］動 眠る
- □ o'clock［**アクラック**］副 ～時(ちょうど)
- □ call(ed)［**コール(ド)**］動 電話をかける
- □ comic［**カミック**］名 マンガ
- □ surprised［**サプライズド**］形 驚いて
- □ textbook［**テクストブック**］名 教科書
- □ surf［**サーフ**］動 (インターネットサイトを)あちこち見て回る
- □ internet［**インタネット**］名 インターネット

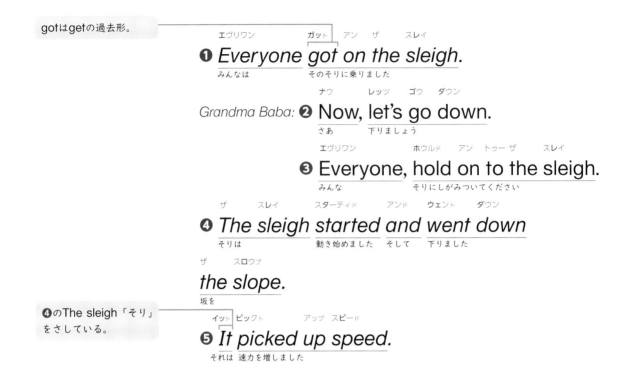

gotはgetの過去形。

エヴリワン　　　　ガット　アン　ザ　　スレイ
❶ *Everyone got on the sleigh.*
みんなは　　　　　そのそりに乗りました

ナウ　　　レッツ　ゴウ　ダウン
Grandma Baba: ❷ Now, let's go down.
さあ　　　下りましょう

エヴリワン　　　　　　ホウルド　アン　トゥー　ザ　　　スレイ
❸ Everyone, hold on to the sleigh.
みんな　　　　　　　そりにしがみついてください

ザ　　　スレイ　　　スターティド　　アンド　　ウェント　　ダウン
❹ *The sleigh started and went down*
そりは　　　　　　　動き始めました　そして　　下りました

ザ　　スロウプ
the slope.
坂を

❹のThe sleigh「そり」をさしている。

イット　ピックト　　　アップ　スピード
❺ *It picked up speed.*
それは　速力を増しました

本文の意味

❶みんなはそのそりに乗りました。

ばばばあちゃん：❷さあ，下るわよ。❸みんな，そりにしがみついて。

❹そりは動き出し，坂を下りました。❺そりはスピードをあげました。

ばばばあちゃん：❻私たちは飛んでいるわよ！

ネコとイヌ：❼うわー！　❽やった！

キツネ：❾行け！　❿行け！　⓫ぼくらのそり！

動物たち全員：⓬行け！　⓭行け！　⓮ワーイ！

Grandma Baba: ❻ We're flying!
ウィア　フライィング
私たちは飛んでいます

今していることを述べている。

Cat and Dog: ❼ Wow! ❽ Whee-ee!
ワウ　　　　　（フ）ウィー　イー
うわー　　　　やった

Fox: ❾ Go! ❿ Go! ⓫ Our sleigh!
ゴウ　　　ゴウ　　　アウア　スレイ
行きなさい　行きなさい　私たちのそり

All the animals: ⓬ Go! ⓭ Go! ⓮ Whee-ee!
ゴウ　　　ゴウ　　　（フ）ウィー　イー
行きなさい　行きなさい　ワーイ

① 壊れたベッドを見て，動物たちはどう思ったでしょうか。
② そりになったベッドに乗って，動物たちはどう感じたでしょうか。

  ❶ もう遊べなくなってしまったので残念に思った。
❷ 楽しい，気持ちいいと感じた。

単語・語句 `QR`

□ ※now ［ナウ］副 さあ，さて（→教科書p.77 副 今（は），現在（では））

□ start(ed) ［スタート（スターティド）］動 出発する，始める

□ slope ［スロウプ］名 斜面，坂

□ pick(ed) ［ピック（ト）］動（pick up speedで）（車などが）速力を増す

□ speed ［スピード］名 スピード

□ fly(ing) ［フライ（ィング）］動 飛ぶ

□ whee(-ee) ［（フ）ウィー（イー）］間 （喜び・興奮などを表して）やった，ワーイ

□ get on ～　～に乗る

□ hold on to ～　～にしがみつく

 ③ 表現例
（例：B-4）Which do you like, Tokyo or Osaka?　あなたは東京と大阪のどちらが好きですか。

3 ベッドのそりで滑り降りたあと，動物たちはベッドを丘の上まで引っ張りました。すると…。 **QR**

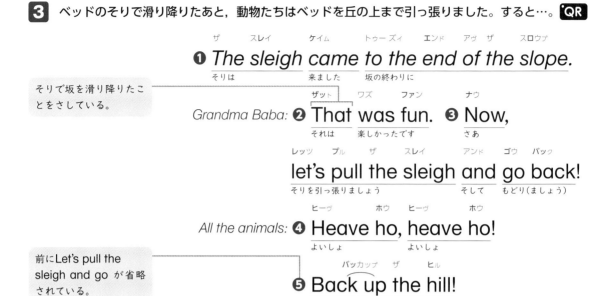

そりで坂を滑り降りたことをさしている。

❶ *The sleigh came to the end of the slope.*
ザ　スレイ　ケイム　トゥー　ズィ　エンド　アヴ　ザ　スロウプ
そりは　　来ました　　坂の終わりに

Grandma Baba: **❷** That was fun.　**❸** Now,
ザット　ワズ　ファン　　　ナウ
それは　楽しかったです　　さあ

let's pull the sleigh and go back!
レッツ　プル　ザ　スレイ　アンド　ゴウ　バック
そりを引っ張りましょう　　そして　もどり(ましょう)

All the animals: **❹** Heave ho, heave ho!
ヒーヴ　ホウ　ヒーヴ　ホウ
よいしょ　　よいしょ

前にLet's pull the sleigh and go が省略されている。

❺ Back up the hill!
バッカップ　ザ　ヒル
丘の上にもどりましょう

本文の意味

❶そりは坂の終わりまで来ました。

ばばばあちゃん：❷楽しかったわ。❸さあ，そりを引っ張ってもどりましょう！

　動物たち全員：❹よいしょ，よいしょ！　❺丘の上にもどるぞ！

❻動物たちはみんなでそりを丘の上に引っ張り上げました。

❼やっと彼らはばばばあちゃんの家に着きました。❽みんなは湯気を立てていました。

　動物たち全員：❾おやまあ，今は暑いよ！

ばばばあちゃん：❿こんなふうに体を温めることができるのよ。

オール　ズィ　　アナマルズ　　　プルド　　　ザ　　スレイ
❻ *All the animals pulled the sleigh*
すべての動物たちは　　　　　引っ張りました　そりを

アップ　ザ　　ヒル
up the hill.
丘の上に

> ❻のAll the animals
> 「すべての動物たち」をさ
> している。

ファイナリィ　ゼイ　　リーチト　　　　グラン(ド)マー　　　パバズ
❼ *Finally they reached Grandma Baba's*
やっと　　　彼らは　着きました　　ばばばあちゃんの家に

ハウス
house.

> 動物たちがしていたこと
> を表している。

エヴリワン　　　ワズ　　スティーミィング
❽ *Everyone was steaming.*
みんなは　　　　湯気を立てていました

ガッシュ　　ウィア　　　ハット　ナウ
All the animals: **❾ Gosh, we're hot now!**
おやまあ　私たちは暑いです　　今

ユー　　キャン　ウォーム　　ユアセルヴズ
Grandma Baba: **❿ You can warm yourselves**
あなたがたは　温めることができます　あなたがた自身を

ズィス　　ウェイ
this way.
このようにして

単語・語句 QR

□ end [エンド] 名 終わり, はし

□ back [バック] 副 (元の場所に)もどって

□ heave ho [ヒーヴ ホウ] 間 (ものを引き上げるときなどのかけ声)

□ hill [ヒル] 名 丘

□ finally [ファイナリィ] 副 やっと, ついに

□ reach(ed) [リーチ(ト)] 動 着く, 到着する

□ steam(ing) [スティーム(スティーミィング)] 動 湯気を立てる

□ gosh [ガッシュ] 間 (驚き・喜びなどを表して)おやまあ

□ warm [ウォーム] 動 温める, 温かくする

□ yourselves [ユアセルヴズ] 代 あなたがた自身を[に]

□ yourself [ユアセルフ] 代 あなた自身を[に]

□ *this way* このようにして

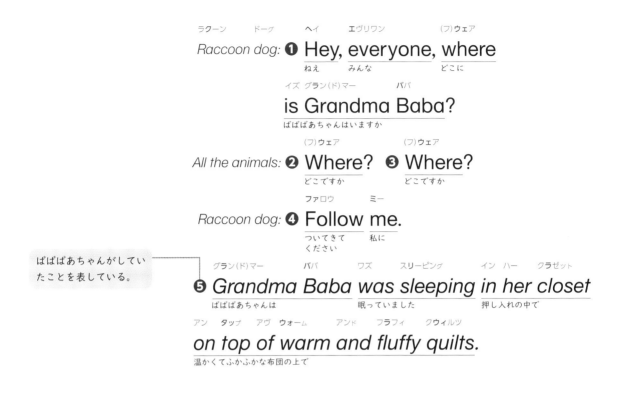

Raccoon dog: ❶ Hey, everyone, where is Grandma Baba?
（ラクーン／ドーグ／ヘイ／エヴリワン／(フ)ウェア／イズ グラン(ド)マー／ババ）
ねえ みんな どこに ばばばあちゃんはいますか

All the animals: ❷ Where? ❸ Where?
どこですか どこですか

Raccoon dog: ❹ Follow me.
ついてきて 私に
ください

ばばばあちゃんがしていたことを表している。

❺ Grandma Baba was sleeping in her closet on top of warm and fluffy quilts.
（グラン(ド)マー ババ／ワズ スリーピング／イン ハー クラゼット／アン タップ アヴ ウォーム／アンド フラフィ クウィルツ）
ばばばあちゃんは 眠っていました 押し入れの中で 温かくてふかふかな布団の上で

さとうわきこ『そりあそび』福音館書店

---

① 動物たちはどのように体を温めたでしょうか。
② ばばばあちゃんは動物たちに何を教えたかったのでしょうか。

  ❶ そり遊びを［そりで滑ったり，そりを引き上げたり］することで温めた。
❷ 寒さに震えるのではなく，自分で温まる方法を考え出さないといけないこと。　など

本文の意味

タヌキ：❶ねえ，みんな，ばばばあちゃんはどこにいるの？

動物たち全員：❷どこだ？　❸どこだ？

タヌキ：❹ぼくについてきて。

❺ばばばあちゃんは押し入れの中の温かいふかふかの布団の上で眠っていました。

単語・語句 ʻQR

□ raccoon dog [ラクーン ドーグ] 名 タヌキ

□ ※follow [ファロウ] 動 ついていく，続く（→教科書p.117 動 従う）

□ closet [クラゼット] 名 押入れ

□ top [タップ] 名 てっぺん，頂上

□ ※warm [ウォーム] 形 温かい（→教科書p.120 動 温める，温かくする）

□ fluffy [フラフィ] 形 ふわふわした

□ quilt(s) [クウィルト(クウィルツ)] 名 キルト（2枚の布の間に綿や羽毛などを入れて刺し子にぬった掛け布団），布団

□ *on top of ~*　～の上に

④ 表現例

Try My favorite memory of this year is <u>the summer camp</u>.

私の今年の大好きな思い出は<u>サマーキャンプ</u>です。

英語のしくみ

1 be動詞の過去形　●)例文と訳(●

1. 肯定文（ふつうの文）

・I am at home today.　私は今日家にいます。

・I was at home yesterday.　私は昨日家にいました。

2. 疑問文（たずねる文）と答え方

・You were in Tokyo last week.　あなたは先週東京にいました。

・Were you in Tokyo last week?　あなたは先週東京にいましたか。

　— Yes, I was. / No, I was not.　はい，いました。／いいえ，いませんでした。

3. 否定文（否定する文）

・We were hungry then.　私たちはそのときおなかがすいていました。

・We were not [weren't] tired then.　私たちはそのとき疲れていませんでした。

Challenge!

日本文に合う英文になるように，(　)内に適切な語を入れましょう。

(1)その映画はとても感動的でした。　　　　　The movie (　　　　) very moving.

(2)私たちは昨日，動物園にいました。　　　　We (　　　　) in the zoo yesterday.

(3)あなたは先週，忙しかったですか。　　　　(　　　) (　　　　) busy last week?

(4)亮太はこの前の土曜日には家にいませんでした。　Ryota (　　　　) at home last Saturday.

2 過去進行形　●)例文と訳(●

1. 肯定文（ふつうの文）

・I am watching TV now.　私は今テレビを見ています。

・I was watching TV at eight last night.　私は昨夜8時にテレビを見ていました。

2. 疑問文（たずねる文）と答え方

・Was he playing soccer then?　彼はそのときサッカーをしていましたか。

　— Yes, he was. / No, he was not [wasn't].　はい，していました。／いいえ，していませんでした。

3. 否定文（否定する文）

・They were not [weren't] studying at that time.　彼らはそのとき勉強していませんでした。

Challenge!

日本文に合う英文になるように，(　)内の語句を並べかえましょう。

(1)私の兄は今朝の6時に公園を走っていました。

　(running / my brother / the park / was / in) at six this morning.

(2)あなたはそのときインターネットをあちこち見て回っていましたか。

　(the internet / were / surfing / then / you)?

(3)彼らはそのとき昼食を食べていませんでした。

　(at / eating / were / they / lunch / not) that time.

(Challenge!の解答はp.170)

英文と訳

1 今していることについて，たずねたり答えたりする文　▶ PROGRAM 8

☐ Are you watching TV?

あなたはテレビを見ていますか。

☐ Yes, I am. / No, I'm not.

はい，見ています。／いいえ，見ていません。

☐ Is Ken dancing?

健は踊っていますか。

☐ Yes, he is. / No, he isn't. He is exercising.

はい，踊っています。／

いいえ，踊っていません。彼は運動しています。

☐ What are you doing?

あなたは何をしているのですか。

☐ I'm drawing a picture.

私は絵を描いています。

☐ Where is Ken eating *ramen* in this picture?

この写真では健はどこでラーメンを食べていますか。

☐ He is eating it in Sapporo.

彼は札幌でそれを食べています。

☐ Why is Emi studying?

絵美はなぜ勉強しているのですか。

☐ Because she has a test.

なぜなら彼女はテストがあるからです。

2 過去にしたことについて，たずねたり答えたりする文　▶ PROGRAM 9

☐ Did you do your homework last night?

あなたは昨夜宿題をしましたか。

☐ Yes, I did. / No, I didn't.

はい，しました。／いいえ，しませんでした。

☐ What time did you get up this morning?

あなたは今朝何時に起きましたか。

☐ I got up at six thirty.

私は6時30分に起きました。

☐ Where did Mao go yesterday?

真央は昨日どこに行きましたか。

☐ She went to the park.

彼女は公園に行きました。

3 過去の状態やある時点で進行中のことについて，たずねたり答えたりする文　▶ PROGRAM 10

☐ Were you busy yesterday?

あなたは昨日忙しかったですか。

☐ Yes, I was. / No, I wasn't.

はい，忙しかったです。／

いいえ，忙しくありませんでした。

☐ How was your trip?

あなたの旅行はどうでしたか。

☐ It was great.

それはすばらしかったです。

☐ Were you sleeping at ten?

あなたは10時に眠っていましたか。

☐ Yes, I was. / No, I wasn't.

はい，眠っていました。／

いいえ，眠っていませんでした。

☐ What was your father doing then?

あなたのおとうさんはそのとき何をしていましたか。

☐ He was washing his car.

彼は自分の車を洗っていました。

（単語・語句はp.171へ）

Our Project ❸ 私が選んだ１枚

教科書 p.125〜p.129

1 ①

(1)　英文　QR

Mika: What are your hobbies? My hobby is *shodo*. I'm in the *shodo* club. This is the picture of the *shodo* performance at the school festival. We did the performance on the floor. I love this picture. I have two reasons. First, we made one big work together. It's so powerful. Second, it was the first performance for me. *Shodo* is fun. It's very creative. Please try *shodo*, everyone.

あなたの趣味は何ですか。私の趣味は書道です。私は書道部に入っています。これは学校祭での書道の実演の写真です。私たちは床の上で実演しました。私はこの写真が大好きです。理由は２つあります。第一に，私たちは１つの大きな作品をいっしょに作りました。それはとても力強いです。第二に，それは私にとって最初の実演でした。書道は楽しいです。それはとても創造的です。みなさん，書道をやってみてください。

解答

・何の写真ですか。　　学校祭での書道の実演の写真

・なぜこの写真を選んだのですか。

　・いっしょに１つの大きなことをしたから。　　・自分にとって初めての実演だったから。

・考えたこと，伝えたいことは何ですか。

　・書道は楽しい。　　・書道はとても創造的だ。　　・みんなにも書道をしてみてほしい。

(2)　対話文　QR

Mika's classmate: Thank you for your speech. The picture is really beautiful. I have a question. When did you start *shodo*?

スピーチをありがとうございます。その写真はほんとうに美しいです。私は質問があります。あなたはいつ書道を始めましたか。

Mika: Thank you for your question. I started *shodo* 5 years ago. I was 8 years old then.

質問をありがとうございます。私は５年前に書道を始めました。そのとき私は８歳でした。

Mika's classmate: How long do you practice every day?　あなたたちは毎日どれくらい練習しますか。

Mika: We practice from 4:30 to 5:30. We don't practice on Saturdays, Sundays, and Wednesdays.

私たちは４時30分から５時30分まで練習します。私たちは土曜日，日曜日，そして水曜日は練習しません。

単語・語句 QR

(教科書p.126)

□ hobby, hobbies [ハビィ(ズ)] 名 趣味

□ performance [パフォーマンス] 名 演技，パフォーマンス

□ made [メイド] 動 make(作る)の過去形

□ ※work [ワーク] 名 作品(→教科書p.56 名 仕事，教科書p.67 動 働く)

□ powerful [パウアフル] 形 力強い，強力な

□ creative [クリエイティヴ] 形 創造的な

(教科書p.127)

□ shot [シャット] 名 写真

(教科書p.128)

□ lastly [ラストリィ] 副 最後に

絵はがきを書こう

1 英文と訳

POSTCARD
February 25, 2021
❶

❷

Dear Mao,

I'm in Sydney, Australia now. It's sunny and warm here. Look at the beautiful view on the front of this card. It is Blue Mountains National Park. I went there with my family and enjoyed the view.

I miss you, Mao!

From
Emily Jones
5 Red Street, Sydney
NSW 2060 Australia

To ❸

Furuse Mao
1-13-2, Mirai, Mirai City,
Tokyo, 102-5028 JAPAN

日本語の書き方と反対の順番になります。

❹ Your friend,
Emily

AIR MAIL

英文の訳

絵はがき

2021年2月25日

真央さん,

　私は今オーストラリアのシドニーにいます。ここは晴れていて暖かいです。この絵はがきのおもて面の美しい景色を見てください。それはブルーマウンテンズ国立公園です。私は家族といっしょにそこに行き, その景色を楽しみました。

　あなたがいなくてさびしく思います, 真央！

あなたの友だち,
エミリー

エミリー・ジョーンズより

5 レッドストリート, シドニー

ニューサウスウェールズ州　2060　オーストラリア

古瀬真央様

日本　102-5028　東京都

みらい市みらい1-13-2

解答

❶ b　❷ d　❸ a　❹ f

（単語・語句はp.173へ）

13 教科・文房具

●教科

アイ ライク イングリッシュ
I like English. 私は英語が好きです。

イングリッシュ	ヂャパニーズ	マス	サイアンス	ソウシャル スタディズ
English	Japanese	math	science	social studies
英語	国語	数学	理科	社会

ファイン アーツ	ピー イー	ミューズィック	インダストゥリアル アーツ アンド ホウム エカナミックス
fine arts	P.E.	music	industrial arts and home economics
美術	体育	音楽	技術・家庭

スペシャル アクティヴァティズ	ピリアド フォー インタグレイティド スタディ	クラス アクティヴァティズ	モーラル エヂュケイション
special activities	period for integrated study	class activities	moral education
特別活動	総合的な学習の時間	学級活動	道徳

●文房具

ザッツ マイ ペンスル
That's my pencil. あれは私の鉛筆です。

ボールポイント ペン	マーカァ	ペンスル	マキャニカル ペンスル
ballpoint pen	marker	pencil	mechanical pencil
ボールペン	マーカー	鉛筆	シャープペンシル

イレイサァ	ルーラァ	ステイプラァ	トゥライアングル
eraser	ruler	stapler	triangle
消しゴム	定規	ホチキス	三角定規

Challenge! 解答 (p.166)

1 (1) was (2) were (3) Were you (4) wasn't

2 (1) My brother was running in the park at six this morning.

(2) Were you surfing the internet then? (3) They were not eating lunch at that time.

14 部活動

● アー ユー アン ザ テニス ティーム アー ユー インズィ アートクラブ
Are you on the <u>tennis team</u>? / Are you in the <u>art club</u>?

あなたはテニス部に入っていますか。／あなたは美術部に入っていますか。

イェス アイアム ノウ アイム ナット
—— **Yes, I am. / No, I'm not.**

はい，入っています。／いいえ，入っていません。

ソフトボール ティーム
softball team
ソフトボール部

ベイスボール ティーム
baseball team
野球部

ジュードウ ティーム
judo **team**
柔道部

ケンドウ ティーム
kendo **team**
剣道部

バスケットボール ティーム
basketball team
バスケットボール部

テニス ティーム
tennis team
テニス部

サカァ ティーム
soccer team
サッカー部

テイブル テニス ティーム
table tennis team
卓球部

トラック アンド フィールド ティーム
track and field team
陸上部

スウィミング ティーム
swimming team
水泳部

ヴァリボール ティーム
volleyball team
バレーボール部

コーラス
chorus
合唱部

ブラス バンド
brass band
吹奏楽部

ドゥラーマ クラブ
drama club
演劇部

クッキング クラブ
cooking club
料理部

サイアンス クラブ
science club
科学部

カンピュータァ クラブ
computer club
コンピュータ部

アートクラブ
art club
美術部

(p.167より)

単語・語句 **QR**
☐ exercise, exercising ［**エ**クササイズ(ィン
　グ)］動 運動する

☐ test ［**テ**スト］名 試験，テスト
☐ *this morning*　今朝

15 朝起きてから寝るまで

●**What time do you usually <u>get up</u>?** —— **I usually <u>get up</u> at six.**
（フ）ワッタイム　ドゥーユー　ユージュアリィ　ゲ**タ**ップ　　　　アイ ユージュアリィ ゲ**タ**ップ アット ス**イ**ックス

あなたはふつう何時に起きますか。　　　　　　私はたいてい 6 時に起きます。

ゲ**タ**ップ
get up
起きる

ワッシュ　マイ　フェイス
wash my face
顔を洗う

プット アン マイ　ユーナフォーム
put on my uniform
制服を着る

イート ブレックファスト
eat breakfast
朝食を食べる

リーヴ　フォー スクール
leave for school
学校に出かける

ゲットトゥー スクール
get to school
学校に着く

イート ランチ
eat lunch
昼食を食べる

クリーン　アウア クラスルーム
clean our classroom
教室の清掃をする

ゲット ホウム
get home
帰宅する

イート ディナァ
eat dinner
夕食を食べる

ドゥー マイ　ホウムワーク
do my homework
宿題をする

テイカ バス　　　　テイカ シャウア
take a bath / take a shower
ふろに入る／シャワーを浴びる

ゴウ トゥー ベッド
go to bed
寝る

(p.169より)

単語・語句 'QR

□ postcard [**ポ**ウストカード] 图 (絵)はがき

□ dear [**ディ**ア] 厖 親愛なる(*Dear* 〜 で「〜さん[様]」)

□ view [**ビュ**ー] 图 眺め, 景色

□ front [フ**ラ**ント] 图 おもて面, 前

□ Blue Mountains National Park [ブ**ルー マ**ウントンズ **ナ**ショヌル パーク] 图 ブルーマウンテンズ国立公園(オーストラリア)

□ ※miss [**ミ**ス] 動 さびしく思う(→教科書p.77 動 逃す)

□ Jones [**ヂョ**ウンズ] 图 ジョーンズ(姓)

□ Red Street [**レ**ッド スト**ゥリ**ート] 图 レッドストリート(架空の地名)

□ NSW [**エ**ン エス **ダ**ブリュー] 图 ニューサウスウェールズ州 (=New South Wales)(オーストラリアの州)

□ sincerely [ス**ィ**ン**スィ**アリィ] 副 心から, 誠実に

□ ※love [**ラ**ヴ] 图 愛(→教科書p.46 動 大好きである, 愛する)

□ wish(es) [**ウィ**ッシュ(ィズ)] 图 祝福のことば, 願い

□ bye [**バ**イ] 間 さようなら, じゃあね

□ cheer(s) [**チ**ア(ズ)] 間 (*Cheers!*で)ごきげんよう。

□ *for now* 今のところは

173

MEMO

MEMO